JN300658

法学マテリアルズ

茂野隆晴　監修

法学マテリアルズ編集委員会　編

八千代出版

◆法の女神ユスティティア

　写真の立像は日本大学法学部所蔵の"法の女神ユスティティア"（1968年9月　草野春三作）である。
　『ギリシア・ローマ神話辞典』（高津春繁著・岩波書店刊）には、ユスティティア［Justitia］について、「ギリシアのディケー（アストライアー）と同じく、ローマの《正義》の女神で、黄金時代には人間とともに住んでいたが、彼らの堕落とともに天に遁れ、乙女座の星となった」とある。
　正義を意味する擬人神ディケー［Dike］（正義の女神）について、古代ギリシアの詩人ヘシオドス［Hesiodos］は、人間の経てきた5つの種族の時代のうちの、最初の種族の時代には人間の良き友として正義を説き、強者と弱者とが生じた次の銀の時代にも変ることがなかったという。それが、全能の大神（神々の主）ゼウス［Zeus］の青銅の時代になり、悪に染まった人が多くなったことに絶望し、天に昇り乙女座になったという。この段階で彼女はアストライアー［Astraios］（星乙女）と呼ばれることになった。
　ディケーの母はゼウスの2番目の妻テミス［Themis］で、確固不変のもの、自然の法則などを意味し、掟の女神とされ、そこから法の女神ともされる。
　ギリシア神話の女神テミスとローマ神話の女神ユスティティアは、法の女神とも正義の女神ともされ、よく同一視されたりもする。
　英語では、正義の女神はLady Justiceと単に呼ばれることが多いが、固有名詞で呼ぶときには、正義の語源であるユスティティアが使われることが多いという。
　こうした女神像の形は、まちまちであるといってよい。ローマのヴァチカン宮殿の天井をかざる女神の像は、公正・公平を守るために目隠しをしていて、罪をはかる天秤と、不義を断つ長剣とをかざす。

参考文献
　　R・グレーヴス著／高杉一郎訳『ギリシア神話』上・下巻、紀伊國屋書店、1984年
　　グスターフ・シュヴァーブ著／角信雄訳『ギリシア・ローマ神話』Ⅰ・Ⅱ・Ⅲ、白水社、1985年
　　高津春繁『ギリシア・ローマ神話辞典』岩波書店、2007年
　　野尻抱影『星の神話傳説集成』恒星社、1964年
　　吉田敦彦『ギリシア神話の発想』TBSブリタニカ、1981年

（茂野）

（扉写真：日本大学法学部提供）

はしがき

　我が国では、明治期に大陸法を摂取して作られた法律制度が、第二次大戦後に英米法の影響を受けつつも、長年にわたり維持されてきた。ところが、今世紀に入り激動する社会に即応するため抜本的な見直しが必要となり、目下、主要な法制の分野でも大幅な改革が進行している。私たち国民は、この変革の波に乗り遅れないよう、自覚的に法的素養を培い、的確な法的判断力を身につけていくことが求められている。

　このような観点から、私たちのグループは先に、新時代の「法学」テキストとして『プライマリー法学―日本法のシステム』（芦書房、2008年）、および『エッセンシャル実定法学』（芦書房、2009年）を公にしたが、専門性の高い法律の学習に際し、視覚的なアプローチをし、的確な資料を効果的に示すことができるような資料・素材の必要性を痛感した。

　近年では、国会質疑などにおいても、質問内容をより分かりやすくしようとする試みはもとより、説得性をもたせようという努力から、パネルやフリップなどを使用した視覚的なアプローチが当然のようになってきた。本書も、このような試みによって、法を学ぶことへの興味が増すことになればと願う次第である。

　掲載の資料は、身近な文献等に典拠を求め、基礎的かつオーソドクスなものである。資料の選定は各章の執筆者が行った、本書を全体として概観したとき、章によっては偏りがあるやも知れないが、さらに加除などを施すことによって、より活用しやすいようなものにしていきたいと思う。

　最後になるが、研究・教育で多忙のなか、資料の収集、選択、解説を快く引き受けられた各執筆者に対し、また、出版事情厳しきおり、出版を快諾された八千代出版株式会社の大野俊郎社長をはじめ、同社企画編集部の森口恵美子氏、岩谷美紀氏に並々ならぬご尽力を賜ったことに、心より御礼申し上げる。

平成 21 年 4 月 10 日

　　　　　　　　　　　　　　　　　　　　『法学マテリアルズ』編集委員会を代表して
　　　　　　　　　　　　　　　　　　　　　　　　　　　茂 野 隆 晴

目　次

はしがき

法の基礎 編

1　法と社会生活 ─────────────────────────────2
資料 1-1　翻訳者箕作麟祥　2　　　資料 1-2　穂積陳重の法窓夜話　2
資料 1-3　末弘厳太郎の物権法　3　　資料 1-4　ラートブルフの法理念の図式　3
資料 1-5　フラーの合法性　4　　　資料 1-6　法律ができるまで　5
資料 1-7　三権分立　5

2　法の歴史 ───────────────────────────────6
資料 2-1　最初の冠位制と成文法　6　　資料 2-2　戸令第八　7
資料 2-3　北条泰時消息　8　　　　資料 2-4　五常五倫　8
資料 2-5　武家諸法度（抄）　9　　　資料 2-6　御定書百箇条の刑罰の図式　10
資料 2-7　明治期主要法令関連年表　11　資料 2-8　ハンムラビ法典　12
資料 2-9　十二表法　12　　　　　資料 2-10　ローマ法大全　12
資料 2-11　マグナ・カルタ　13　　　資料 2-12　権利の請願　13
資料 2-13　権利の章典　14　　　　資料 2-14　フランス人権宣言　14

3　裁判制度 ──────────────────────────────16
資料 3-1　訴　　状　16　　　　　資料 3-2　冒頭陳述　17
資料 3-3　和解契約書　18　　　　資料 3-4　判　決　文　19
資料 3-5　調　　停　20　　　　　資料 3-6　陪審制度・参審制度・裁判員制度　20
資料 3-7　審級制度（三審制）　21

個別法 編

4　憲　　法 ──────────────────────────────24
資料 4-1　日本国憲法の原理と構造　24　資料 4-2　選挙人名簿　25
資料 4-3　最高裁判所裁判官国民審査・投票用紙　25　資料 4-4　官　　報　26
資料 4-5　条　　例　27

5　行　政　法 ─────────────────────────────28
資料 5-1　行政機関組織図　28　　　資料 5-2　生活保護開始（変更）決定通知書　29
資料 5-3　建築確認申請書・通知書　30　資料 5-4　道路使用許可申請書・道路使用許可証　30
資料 5-5　国税不服審査請求書　31　　資料 5-6　行政文書開示請求書　31

6　刑　　法 ──────────────────────────────32
資料 6-1　刑事事件の流れ　32　　　資料 6-2　包括罪種別の認知・検挙状況の推移　33
資料 6-3　起　訴　状　33　　　　　資料 6-4　死刑制度と裁判員制度　34

7 民　　法 ———————————————————————————— 35

資料 7-1　後見開始の審判　35　　資料 7-2　出　生　届　36
資料 7-3　委　任　状　36　　　　資料 7-4　失踪宣告制度　37
資料 7-5　登　記　制　度　38　　資料 7-6　債権譲渡通知　39
資料 7-7　内容証明郵便　40　　　資料 7-8　建設工事請負契約（約款）　41
資料 7-9　婚　姻　届　42　　　　資料 7-10　認　知　届　43

8 商　　法 ———————————————————————————— 44

資料 8-1　会　社　定　款　44　　資料 8-2　公開買付開始公告　45
資料 8-3　有価証券届出書・有価証券報告書　46　　資料 8-4　運送約款　46
資料 8-5　約束手形・為替手形・小切手統一用紙　49　　資料 8-6　荷為替手形　49

9 労　働　法 ———————————————————————————— 50

資料 9-1　職　工　事　情　50　　資料 9-2　鉱業條令（抄）　51
資料 9-3　工場法（抄）　52　　　資料 9-4　完全失業率　53
資料 9-5　最低賃金制度　53　　　資料 9-6　労働組合数　54
資料 9-7　争議行為を伴う争議の行為形態別件数、参加人員　54

10 社会保障法 ———————————————————————————— 55

資料 10-1　ベヴァリッジ報告（抄）　55　　資料 10-2　社会保障制度勧告　55
資料 10-3　医療保険の仕組み　56　　　　　資料 10-4　年金の概要　56
資料 10-5　生活保護の概要　57

11 経　済　法 ———————————————————————————— 58

資料 11-1　独占禁止法概要　58　　資料 11-2　課徴金の適用対象　58
資料 11-3　課徴金の流れ　59　　　資料 11-4　合併審査の流れ　60

12 環　境　法 ———————————————————————————— 61

資料 12-1　循環型社会形成推進基本法（抄）　61
資料 12-2　気候変動に関する国際連合枠組条約の京都議定書（抄）　61
資料 12-3　バーゼル条約（有害廃棄物の国境を越える移動及びその処分の規制に関する
　　　　　バーゼル条約）（抄）　62
資料 12-4　ワシントン条約（絶滅のおそれのある野生動植物の種の国際取引に関する条約）（抄）　62
資料 12-5　ラムサール条約（特に水鳥の生息地として国際的に重要な湿地に関する条約）（抄）　63

13 知的財産法 ———————————————————————————— 64

資料 13-1　特許出願の手続　64　　資料 13-2　パテントマップ　65
資料 13-3　著作者の権利　65　　　資料 13-4　著作権に関する国際条約　66

14 国　際　法 ———————————————————————————— 68

資料 14-1　排他的経済水域と大陸棚の立体図　68　　資料 14-2　国際連合憲章　69
資料 14-3　主権国家判断の相対化機関　70

凡　　例

1　法令の略語など

会　　社	会社法	商	商法
金融商取	金融商品取引法	商　　登	商業登記法
刑　　訴	刑事訴訟法	小	小切手法
憲	日本国憲法	地　　自	地方自治法
戸	戸籍法	独　　禁	私的独占の禁止及び公正取引の確保に関する法律
戸 施 規	戸籍法施行規則		
公　　選	公職選挙法	内	内閣法
行　　訴	行政事件訴訟法	任意後見	任意後見契約に関する法律
国　　会	国会法	不　　登	不動産登記法
国際海運	国際海上物品運送法	不 登 規	不動産登記規則
裁 判 員	裁判員の参加する刑事裁判に関する法律	民	民法
		民　　施	民法施行法
最裁審査	最高裁判所裁判官国民審査法	民　　訴	民事訴訟法
最　　賃	最低賃金法	民 訴 規	民事訴訟規則
手	手形法	労　　組	労働組合法

2　判例の略語など

刑　　集	最高裁判所刑事判例集	民　　集	最高裁判所民事判例集

法の基礎
編

1 法と社会生活

▶資料1-1　翻訳者箕作麟祥

　それから、間もなく、明治の御一新になりましたが、素より、法律書は、のぞいて見たこともなかつたが、明治二年に、明治政府から「フランス」の刑法を飜(ママ)訳しろと云ふ命令が下りました、（其時分は、大学南校と云ふ所に勤めて居りました、）そんな翻訳を言付けられても、ちつとも分りませんだつた、尤も、全く分からぬでも無いが、先づ分らぬ方でありましたが、どうかして、翻訳したいと思ふので、翻訳にかゝつたことは、かかりましたところが、註解書もなければ、字引もなく、教師もないと云ふやうな訳で、実に、五里霧中でありましたが、間違ひなりに、先づ分るまゝを書きました、其後、続いて民法、商法、訴訟法、治罪法、憲法などを訳しましたが、誠に、朦朧としたことで、翻訳をしました、諸君も、御承知でございませうが、それを文部省で木版に彫りまして、美濃判の大きな間違ひだらけの本を拵へました、其本は実に、分らないことだらけでありました、また、分つても、翻訳語が無いので困りました、権利だの、義務のと云ふ語は、今日では、あなた方は、訳のない語だと思つてお出でありませうが、私が翻訳書に使つたのが、大奮発なのでございます併し、何も私が発明したと云ふのではないから、専売特許は得はしませぬ、（喝采、笑）支那訳の万国公法に「ライト」と「オブリゲーション」と云ふ字を、権利義務と訳してありましたから、それを抜きましたので、何も盗んだのではありませぬ、また、新規に作りましたのは、動産だの、不動産だのと云ふ字で、今日では政府の布告にもあるやうになりましたが、これを使ふのは、実に非常なことであつたのです（喝采）それから、義務相殺だとか、未必条件だとか云ふような字を作りましたが、（一々、申上げかねます）ところが、今日は、それが立派に行はれるやうになりました、（喝采）

出典：大槻文彦『箕作麟祥君伝』丸善、1907年、100-101頁所収

解説　現在、我々が用いている法律用語の多くは明治期に西欧近代法が継受される際の翻訳の過程で作り出されたものである。その作業の中心的な人物が箕作麟祥（1846-1897）である。箕作は、文久元年（1861年）15歳のときに幕府の蕃書調所英学教授並出役を命ぜられて以来、その卓抜した語学力を生かし、幕府の外交文書の翻訳に携わった。維新後も、時の政府の中枢とかかわり、外交や法律制度などの基礎を築く重要な活動をした。本資料は、明治20年（1887年）9月15日の明治法律学校の始業式の席上でなされた演説の一部である。箕作は著作活動を全くしなかったため、本資料が、箕作本人の言葉を残す貴重なものとなっている。

参考文献　加藤周一・丸山真男校注『翻訳の思想』（日本近代思想体系15）、岩波書店、1991年　　　　（末澤）

▶資料1-2　穂積陳重の法窓夜話

　現時用ひて居る法律学の用語は、多くは其源を西洋の学語に発して居つて、固有の邦語又は漢語に基づいたものは極めて少いから、洋学の渡来以後、之を飜(ママ)訳して我邦の学語を鋳造するには、西学輸入の率先者たる諸先輩の骨折は中々大したものであつた。

　無精者を罵つて、「竪のものを横にさへしない」と云ふが、竪のものを横にしたり、横のものを竪にしたりする程面倒な仕事は無いとは、和田垣博士が「吐雲録(ママ)」中に載せられた名言である。蘭学者が其始め蘭書を翻訳したときの困難は勿論非常なものであつたが、明治の初年に於ける法政学者が、始めて法政の学語を作つた苦心も、亦た実に一通りではなかつた、就中泰西法学の輸入及び法制学語の飜(ママ)訳鋳造に付ては、吾人は津田真道、西周、加藤弘之、箕作麟祥の四先生に負ふ所が最も多い。津田先生の「泰西国法論」、西先生の「万国公法」、加藤先生の「立憲政体略」「真政大意」「国体新論」及び「国法汎論」、箕作先生の「仏蘭西六法」の飜(ママ)訳等に依つて、明治十年前後には邦語で泰西の法律を説明することは辛うじて出来るやうに成つたが、明治二十年頃までは、邦語で法律の学理を講述することはまだ随分難儀の事であつた。

　我輩が明治十四年に東京大学の講師と為つた時分は、教科は大概外国語を用ひて居つて、或は学生に外国語の教科書を授けて之に拠つて教授したり、或は英語で講義するといふ有様であつた。それ故、邦語で法律学の全部の講述が出来る様に為る日が一日も早く来なければならぬと云ふことを感じて、先づ法学通論より始めて、年々一二科目づゝ邦語の講義を増し、明治二十年の頃に至つて、始めて用語も大体定まり、不完全乍ら諸科目ともに邦語を以て講義することが出来るようになつたのであつた。

出典：穂積陳重「法律の学語」『法窓夜話』有斐閣、1916年、164-166頁所収。なお、傍点は原文のまま

解説 本資料は、明治期の法律用語作成の困難さを示している。西欧近代法の概念はこれまでの日本には見られなかったものが多く、訳語が固まるまで試行錯誤が続けられたことや、大学の講義も英語で行われていたことを読み取ることができる。筆者の穂積陳重（1856-1926）は、明治・大正期を代表する法学者の一人である。穂積は、明治15年（1882年）27歳で東京大学法学部教授兼法学部長に就任して以来、ドイツ法の振興に尽力した。また、現行民法典をはじめ商法、民事訴訟法、刑法など多くの立法に関与した。さらに、進化論の影響のもとに『法律進化論』全3巻を著し、法の発展史を体系的に叙述したことでも知られている。

参考文献 潮見俊隆・利谷信義編『日本の法学者』日本評論社、1975年
穂積重行『明治一法学者の出発　穂積陳重をめぐって』岩波書店、1988年
（末澤）

▶資料1-3　末弘厳太郎の物権法

　法律学には「あるべき法律」を説く部分と「ある法律」を説く部分とがある。此中後者は現在此日本の社会に行はれつつある法律の何者なるかを説くことを目的とする。従つて其「法律」を求めむが為めに独り「法典」と「外国法律書」とのみを索るが如きは地上に網投つて魚を獲むとするに均しい。魚は水中に棲むものなるが如く「ある法律」は実生活の中に内在する。実生活の中に之を求めずして何所に之を獲ることが出来やうぞ。無論――かるが故に――「ある法律」を知ることは極めて困難である。それが為めには完全に設備されたラボラトリーがなければならない。けれども差当り吾々の手近かにある材料に依つて之を求めむとすれば、それは「判例」と「新聞雑誌」の記事に依る外ない。前者は「法典」が如何なる「事実」に如何に適用せられつゝあるかを知り、後者は「社会」が如何に動きつゝあるかを知る重要にして而かも手軽な材料である。然るにそれを度外視して十年一日の如く「法典」と「外国法律書」とのみに没頭して「概念」の精確と「論理」の一貫とを誇らむとする。その学者にして若し無限の想像力を有するに於ては「甲説」「乙説」「第三説」「折衷説」…は愚か無限大のヴァリエーション（ファンタジー）を発見し得るだらう。乍併ヴァリエーションを作り得て之を誇らむとするが如きは畢竟朝顔を作る隠居の趣味と相去ること遠からざるものである。世の中の人は何とかして現在実際に行はれつゝある唯一の「ある法律」を知らむことを希望してる。彼等にとつてはヴァリエーションは何よりもの禁物である。「法の不確実」それが世の中にとつて一番迷惑なものである。我々は――無論非常に六かしい仕事には違ひないが――何とかして自分の想像力だけを頼りにして矢鱈に学説のヴァリエーションを作りたくない。何とかしてすなほに「ある法律」をありのままに求めてありのまゝに説明したいのである。
　次に「あるべき法律」を説くに付いても、「ある法律」をすなほに研究して、其所に新しきデータを得た上、之に基いて在来の「概念」を審査することなく、或は外来――乃至は在来――の概念を其まゝ無批判に受け入れ、或は自分の想像力（ファンタジー）だけから独断的に小刀細工を以て「概念」に小変更を加へ又は之が巧みな組合せを試みるだけでは学問上遂に何等の権威をも成し得る訳がない。「事実」に依つて「概念」を洗へ、そうして其洗はれた活きた新しい「概念」の上に「あるべき法律」を築かねばならぬ。然らざる限り其築く所のものは遂に砂上の楼閣たるに過ぎない。一朝の風浪も尚容易に之を洗ひ去り得るだらう。故に「ある法律」を知ることは又「あるべき法律」を説くことの前提であらねばならぬ。

出典：末弘厳太郎『物権法上巻』有斐閣、1921年、自序4-6頁所収。なお、傍点、ふりがなは原文のまま

解説 法律学において、判例研究は重要な役割を果たしている。この判例研究の重要性を提唱したのが末弘厳太郎（1888-1951）である。末弘は明治から昭和にかけて民法学に画期的な業績を挙げた人物で、法社会学や労働法学でも草分け的存在である。本資料の『物権法』は、末弘が欧米留学後彼の法学方法論の転換点となり、従来のパターンを破る民法テキストとして知られている。本資料は、この序文の一部である。ここで末弘は、社会の内在する「ある法律」（生ける法）は、法典と外国法律書のなかに求めることはできないとして、判例研究の必要性とその重要性を述べている。末弘は、この判例研究を通じて裁判官の法創造を積極的に承認して国家法万能主義を相対化することにより、従来、無権利状態に置かれてきた労働者、農民の生存権的要求を法学的に保障しようとしたのである。

参考文献 潮見俊隆・利谷信義編『日本の法学者』日本評論社、1975年
山中永之佑編『新・日本近代法論』法律文化社、2002年
（末澤）

▶資料1-4　ラートブルフの法理念の図式

　法概念――それは一つの文化概念すなわち価値関係的概念である――を規定するためにわれわれは法価値・法理念を必要とした。法とは、法理念に奉仕することを本来の使命とするものである。われわれはこの法理念を正義の中に見出し、かつ正義――配分的正義についていうが――の本質は平等である。すなわち同じ人または事象を同じように取扱い、異なった人または事象をその際に応じて異なったように取り扱うことであると規定した。しかしわれわれは、正義を拠処とすることによって、法概念に方向づけを与えることはできたが、法内容を導き出すに事欠かないだけの十分な指針を得ることはできなかった。けだし、正義はわれわれに等しいものを等しく、異なったものを異なったように取扱うことを指示するけれども、まずその前に、それらを等しいものまたは異なったものと認めるについていかなる観点が必要かということについては何事も語らず、また正義は取扱いの比例を規定するのみで、その具体的な様式を規定しないからである。これら二つの問題は、法の目的に立脚しなければ答えられないものである。こうして、正義と並んで法理念の

第二の要素として合目的性が現われたのである。ところで、何が目的および合目的性であるかという問題は一義的に答えられるものでなく、法および国家に関するさまざまな見解すなわちさまざまな政党的見解の体系的展開を通じて、相対的にしか答えられないものであった。だがこの相対主義も法哲学の最後の言葉にはなりえない。法は共同生活の秩序であって、各個人の見解の相違に委ねられたままであることができず、すべての者の上に位する一つの秩序とならなければならない。

こうして、法に対するまさるとも劣らぬ第三の要求、法理念の第三の要素が立ち現われる。これが法的安定性である。法の安定性は法の実定性を要求する。何が正義であるかが確認（fest*stellen*）されないならば、何が合法とせられるべきかが制定（fest*setzen*）されなければならない。しかも制定（*fest*setzen）したものを実施（*durch*setzen）しうる地位にある当局者によって制定されなければならない。こうして、きわめて注目すべきことには、法の実定性は法の正当性の前提とさえなるのである。内容的に正しいことが実定法の課題であるのと同様に、実定的であることが「正しい法」という概念にとって必要なのである。

法理念の三つの要素のうち、第二の合目的性にとっては相対主義的謙抑が妥当するが、他の二者、すなわち正義および法的安定性は、法律観・国家観の対立を越え政党の争いを越えた理念である。法的見解の争いにある結末が与えられるということが、正義にかないかつ目的にかなった結末が与えられることよりも重要であり、ある法秩序の存在することが、その法秩序の正義および合目的性よりも重要である。正義および合目的性は法の第二の大きな課題であるが、すべての人が一様に必要と認める法の第一の課題は、法的安定性すなわち秩序であり平和である。

出典：田中耕太郎訳『法哲学』（グスタフ・ラートブルフ著作集第1巻）東京大学出版会、1961年、207-208頁

解 説　グスタフ・ラートブルフ［Gustav Radbruch］(1878-1949)は、法概念を「法理念に奉仕するという意味をもつ現実である」と規定し、彼においては法理念論が中心的課題として現われる。彼は法の理念をまず正義に求め、正義の本質を「平等」と捉える。しかし、それは法概念に方向づけを与えることができるが、法内容を導き出すに十分な指針を得ることができないとされる。そこで、正義を補完する実質的な評価基準として、法理念の第二の要素である合目的性が要請されることになる。

ところで、何が目的および合目的性であるかという問題は相対主義的にしか答えられないとされる。しかし、法は共同生活の秩序であって、すべての者の上に位する一つの秩序にならなければならないことから、法理念の第三の要素である法的安定性が要請されることになる。このように、ラートブルフは法理念を正義・合目的性・法的安定性という三位一体的な構造として捉えるが、「法理念の三つの側面は、相互に鋭い矛盾に陥りながらも、法を全面的にわたって共同に支配している」と指摘し、正義・合目的性・法的安定性のいずれが優越的地位を占めるかについても、自らの相対主義的立場から、「哲学は決断をあえてすべきではなく、かえって決断の前で立止まるべきである」と述べるのである。

参考文献　田中耕太郎訳『法哲学』（グスタフ・ラートブルフ著作集第1巻）東京大学出版会、1961年
田中成明・竹下賢・深田三徳・亀本洋・平野仁彦『法思想史〔第2版〕』（有斐閣Sシリーズ）1997年　　　（高須）

▶資料1-5　フラーの合法性

立法者ならびに裁判官としてのレックスのぶざまな経歴は、法の準則の体系をつくりだし、これを維持しようとする試みはすくなくとも八つの仕方で失敗に終わることがある、ということを例示している。そう言ってよければ、この企てにおいては破滅へと至る八つの違った道があるということである。第一の、いちばんはっきりとした道は準則というものを全然つくりあげることができず、このためあらゆる問題がその場かぎりの仕方で（ad hoc）解決されなくてはならなくなる、というものである。そのほかの道とはつぎの通りである。(2)当事者にたいして、かれが従うことになっている規則を公布しないこと、あるいはすくなくともかれがそれを知りうるように処置しないこと、(3)遡及立法の濫用……これは（法の下にある人間の）行動の指針たりえないのみでなく、結果的には、非遡及的な準則の有効さをもそこなうことになる。なぜならこれによって、非遡及的な準則まで遡及的なものに転化させられるおそれが生ずるからである。(4)規則をわかりやすいものにできないこと。(5)相互に矛盾する準則の定立、もしくは、(6)当事者の能力を超えるような行動を命ずる準則、(7)規則をあまりにひんぱんに変えるため、それらの準則の下にある者がそれらを自分の行動の指針とすることができない。(8)さいごに、公布された準則とそれらの現実の執行との間に一致が見出されないこと。

上にのべた八つの道のどの一つをとっても、その失敗が全面的なものであれば、その結果生ずるのはたんに悪しき法体系といったものにとどまらず、無効な契約もなおかつ一種の契約と見なしうるとするピクウィック流の意味に解するのでなければ、厳密にはそもそも法体系と称しえない代物なのである。じっさい、或る人がそもそも存在しない法の準則、あるいはその人に知らされていない準則、もしくはその人がすでに行動した後に作られた準則、意味がわからない準則、同じ体系に属するもうひとつの準則と矛盾するような準則、不可能なことを命ずる準則、一分毎に改正される準則、こうした類いの法の準則にたいして服従する道徳的責務があるなど、とうてい理性的根拠をもっては主張できないであろう。

出典：L.L.フラー著／稲垣良典訳『法と道徳』有斐閣、1968年、49-50頁

解 説　アメリカの法哲学者であるロン・L・フラー［Lon L. Fuller］(1902-1978)は、ハーバード大学の法理学教授となり、法実証主義を批判した『法の自己探求』(1940年)、法と道徳の融合を説いた『法と道徳』(1964年)

等を執筆した。彼は法を「人間の行動をルールの支配に服させようとする目的志向的な企て」と捉える。そして、彼は、ナチス体制下の特別命令や密告によって反政府的発言の封殺をねらった「敵意の法律」（1934年）などを念頭において、それが、彼のいう「合法性」、すなわち、(1)法の一般性、(2)法の公布、(3)遡及法の濫用の禁止、(4)法律の明晰性、(5)法律の無矛盾性、(6)法律の服従可能性、(7)法の相対的恒常性、(8)公権力の行動と法律の合致という要請を充たしていなかった点で、そもそも法としての資格をもたな いものであると考えた。というのも、彼にとって先に挙げた「合法性」の8つの要請は法が法であるためには充たさなければならない法内在的要請と捉えられているからである。

参考文献 田中成明・竹下賢・深田三徳・亀本洋・平野仁彦著『法思想史〔第2版〕』（有斐閣Sシリーズ）1997年

L. L. フラー著／稲垣良典訳『法と道徳』有斐閣、1968年
（高須）

▶資料1-6 法律ができるまで

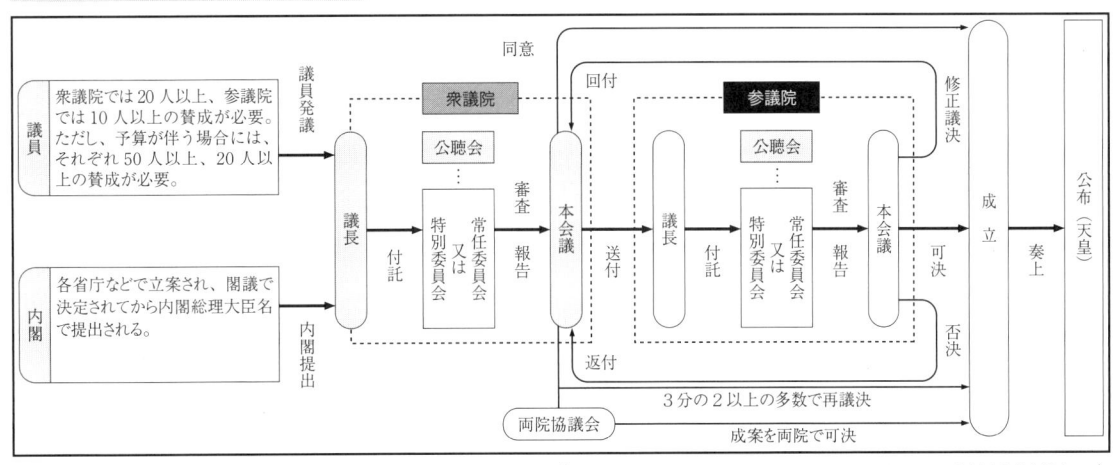

参考資料：参議院「国会の基礎知識：法律ができるまで」〈http://www.sangiin.go.jp/japanese/aramashi/chisiki/9.htm〉

解説 この図では、例の多い衆議院先議の場合の流れを示しているが、参議院先議の場合もある。

法律案の発議・提出には、国会議員の発議（国会56条）、内閣による提出（憲72条、内5条）などがある。提出された法律案は、議長が適当の委員会に付託し、その審査を経て会議に付する（国会56条2項）。本会議に付された法律案が、一つの議院でその総議員の3分の1以上の出席により出席議員の過半数の賛成で可決されると、他の議院に送付され、ここでも修正なく可決されると、法律案は法律となる（憲56条・59条1項）。

両院で異なった議決をした場合には、各院から選出された委員による両院協議会を開いて、意見の一致を図ることもある（憲59条3項、国会84条）。両院協議会で成案を得た場合、これを両議院で可決すれば、法律案は法律となる。

衆議院は、その可決した法律案について参議院が異なった議決をした場合には、出席議員の3分の2以上の多数で再可決すれば、法律とすることができる（憲59条2項）。
（大久保）

▶資料1-7 三権分立

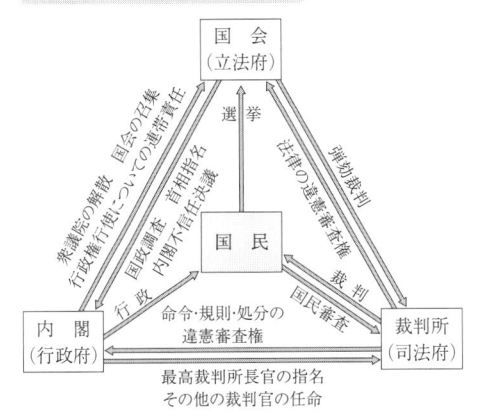

参考資料：裁判所「裁判所ナビ」〈http://www.courts.go.jp/about/pamphlet/pdf/saibansyo_navi01.pdf〉

解説 三権分立とは、国家権力が一主体に集中して国民の自由を脅かすことのないように、法を定立する立法権、法を執行する行政権、法を適用する司法権の三権を分離して各別の機関に担当させ、相互に抑制と均衡を図ることである。日本国憲法上、国会は唯一の立法機関であり（憲41条）、行政権は内閣に属し（憲65条）、司法権は最高裁判所および下級裁判所に属するとされている（憲76条1項）。
（大久保）

2 法の歴史

▶資料2-1　最初の冠位制と成文法

冠位十二階と憲法十七条（『日本書紀』巻第廿二）

（推古天皇十一年＝六〇三年）十二月、戊辰の朔壬申、始めて冠位を行ふ、大徳、小徳、大仁、小仁、大礼、小礼、大信、小信、大義、小義、大智、小智、并せて十二階、並に当色の絁を以ちて縫へり、頂は撮り総べ囊の如くして、縁を著けたり、唯元日には髻華を著す、此を芸と云ふ、

十二年春正月戊戌の朔、始めて冠位を諸臣に賜ふこと、各差有り、夏四月、丙寅の朔戊辰、皇太子、親ら肇めて憲法十七条を作りたまふ。

一に曰く、和を以て貴しとなし、忤ふること無きを宗とせよ、……

二に曰く、篤く三宝を敬へ、三宝とは仏・法・僧なり、……

三に曰く、詔を承りて必ず謹め、君をば則ち天とす、臣をば則ち地とす、天は覆ひ地は載す、四時順ひ行ひて、万気通ふことを得、……

四に曰く、群卿百寮、礼を以て本とせよ、其れ民を治むるが本、要ず礼に在り、……

五に曰く、餮を絶ち欲することを棄てて、明に訴訟を辨めよ、……

六に曰く、悪を懲し善を勧むるは、古の良き典なり、是を以て人の善を匿すこと無く、悪を見ては必ず匡せ、……

七に曰く、人各任有り、掌ること濫れざるべし、其れ賢哲官に任すときは、頌むる音則ち起る、奸しき者官を有つときは、禍乱則ち繁し、……

八に曰く、群卿百寮、早く朝りて晏く退でよ、……

九に曰く、信は是、義の本なり、事毎に信有るべし、其れ善悪成敗、要ず信に在り、……

十に曰く、忿を絶ち瞋を棄てて、人の違を怒らざれ、……

十一に曰く、功過を明に察て、賞し罰ふること必ず当てよ、……

十二に曰く、国司・国造、百姓に斂ることなかれ、国に二君なく、民に両主なし、……

十三に曰く、諸の官に任せる者、同じく職掌を知れ、……

十四に曰く、群臣百寮、嫉み妬むこと有ること無かれ、……

十五に曰く、私を背きて、公に向くは、是臣が道なり、凡て人私有るときは、必ず恨有り、……

十六に曰く、民を使ふに時を以てするは、古の良き典なり、故、冬の月には間有らば、以て民を使ふべし、春より秋に至るまでに、農桑の節なり、民を使ふべからず、其れ農せずは何をか食はむ、桑せずは何をか服む、

十七に曰く、夫れ事は独り断むべからず、必ず衆と宜しく論ふべし、

出典：原漢文＝武田祐吉・今泉忠義編『国文六国史』（第1　日本書紀　下）大岡山書店、1932年　佐伯有義編『日本書紀』（増補六国史）名著普及会、1957年参照

解説　冠位十二階は儒教思想に基づく、木・火・土・金・水、即ち、仁・礼・信・義・智に加え、徳目の徳を最初に配し、6種類の冠を大・小に分けた。それは個人の朝廷内での地位を示すものであった。姓が氏に与えられたのに対し、冠位は一代に限られ、才能や勲功を基準としていた。

憲法十七条（十七条憲法）は聖徳太子が制定した我が国最初の成文法である。太子は、熱心な仏教徒であった。しかし、広く社会に浸透していた神祇の崇敬、儒教も排除することなく、これらとの融合を考えていたと思われる。太子による「遣隋使」の派遣（607・611年）、歴代天皇の系譜を記した『天皇記』（620年）、『国記』の編纂など、その事業は我が国の国家の基本的な体制を形成するものであったといえる。

党派や宗教対立、裁判の不正、汚職などの社会問題に直面していた太子は、政治的な解決に先立って、宗教心を人々に根付かせ、道徳心の高揚を企てることで、打開することを目指した。十七箇条には、そのための教令と政治理念が込められているのである。第1条の「和」とは、元来は儒教の言葉で、共同的の原理をなす語といわれる。和の精神とは、自己を見つめ、他者から謙虚に学ぶことが必要である、という。異質のものも認める寛容の精神ともいえよう。

参考文献　会田範治『聖徳太子憲法と法王帝説の研究』有斐閣、1931年
石井良助編『日本法制史』青林書院、1964年
井上光貞『日本古代国家の研究』岩波書店、1979年
梅原猛『聖徳太子II　憲法十七条』小学館、1981年
黛弘道・武光誠編『聖徳太子事典』新人物往来社、1991年
　　　　　　　　　　　　　　　　　　　　　　（茂野）

▶資料2-2　戸令第八

為里条
凡そ戸は五十を以て里と為よ。里毎に長一人を置け。（以下略）

戸主条
凡そ戸主には、皆家長を以て為よ。戸の内に課口有らば、課戸と為よ。

三歳以下
凡そ戸とは、課口無くは、不課戸と為よ。不課とは、皇親及び八位以上、男年十六以下、并せて蔭子、耆、廃疾、篤疾、妻、妾、女、家人、奴婢をいふ。凡そ男女三歳以下を黄と為よ。十六以下を小と為よ。廿以下を中と為よ。其れ男は廿一を丁と為よ。六十一を老と為よ。六十六を耆と為よ。夫無きは寡妻妾と為よ。

五家条
凡そ戸は、皆五家相ひ保れ。一人を長と為よ。以て相ひ検察して、非違を造すこと勿らしめよ。如遠くより客来り過ぎて止まり宿ること有り、及保内の人行き詣く所有らば、並に同保に語て知らしめよ。

造戸籍条
凡そ戸籍は、六年に一たび造れ。十一月の上旬より起して式に依りて勘へ造れ。里別に巻と為せ。惣べて三通写せ。（以下略）

戸籍条
凡そ戸籍は恒に五比留めよ。其れ遠き年の者は、次に依りて除け。近江の大津の宮の庚午年籍は、除くことせざれ。

聴婚家条
凡そ男の年十五、女の年十三以上にして、婚嫁聴せ。

七出条
凡そ妻棄てむことは、七出の状有るべし。一には子無く、二には淫泆、三には舅姑に事へず、四には口舌、五には盗竊、六には妬忌、七には悪疾、皆夫手書して棄てよ。尊属、近親と同じく署せよ。若し書解らずは、指を画くことを為よ。妻、棄つる状有りと雖も、三の去てざること有り。一には娶いし時に賤しくして後に貴きは、此の令に拘らず。二には舅姑の喪持けし所有りて帰す所無き。三には受くるに経たる所有りて、情を知らず、良に従へよ。即ち義絶、淫泆、悪疾犯せらば、皆此の令に拘らず。

官奴婢条
凡そ良人及び家人、圧略せられて賤に充てられて、奴婢に配して男女を生めらば、後に訴して免ずること得たらば、生めらる所の男女は、並に良人に従へよ。

為夫妻条
凡そ官戸・陵戸・家人・公私の奴婢、良人と夫妻と為て、生めらむ所の男女、情を知らずは、良に従へよ。皆離て。其れ逃亡して生めらむ所の男女は、皆賤に従へよ。

当色為婚条
凡そ陵戸・官戸・家人・公私奴婢、皆当色婚為よ。

出典：『令義解』戸令　原漢文

解説　戸令は、「養老令」では45条よりなる。戸（日本語では、竈の転化して「へ」）は家の集合（複合大家族）で一戸のなかには妾、子孫、外孫、同党（同族）や寄人（寄口）、家人・奴婢なども含まれていたので、戸口が50、60に及ぶのもあったようであるが、平均は現存の戸籍や計帳からして、20〜30人であったと考えられている。

隣保制度としての保は、5戸を一保とし、保長を置き、相互監察を行った（五保の制）。

戸50をもって一里とされた。霊亀元年（715年）には郷と改められた。その下に里が置かれた。戸籍と計帳に、戸を単位に一人ずつ登録された。

計帳は課税の基本台帳であるが、和銅年間には、里単位で課税すべき民衆を中央政府が把握していた地方もあったことが知られている。

戸籍は、大化2年（646年）の詔で、6年ごとに作成し30年間保存することになっていたが、天智朝のとき（670年）に作られた庚午年籍は永久保存とされた（戸籍条）。

七出状にみえる「画指」とは文字を書けない者が、指紋のように人によって違う人差し指（食指）の関節位置などを点や線で示し、署名や押印の代用とした。

七去について注釈書は、「妻50歳以上で、男の子がないばあい」としていた。この規定は唐令と異ならなかったが、当時の日本では男女ともに離婚権があったことから、実際には空文であったと考えられている。

なお七去のもととなった中国の『大戴礼』（前漢の戴徳が集めた古礼の記録）の七去と三不去の条件は次のようになっていた。

第一に舅に従わない。第二に男の子がない——『家』の存続が望めなくなる。第三に淫乱な妻——非嫡出子が跡取りになりかねない。第四に嫉妬深い——家族の平穏が乱れる。第五に悪疾にかかっている——けがれた体では祖先の供養に差し支える。第六に不和のもとになる、多言。第七に盗み癖ある妻。

「婦に三不去有り」とされ、離婚の歯止めとなっていたのが、第一に、離婚されても寄辺とする家もない。第二に夫の両親の死に対して3年の服喪をなした。第三に結婚時には貧しかったのに内助の功が実り夫が出世したとき。

参考文献　石井良助『はん』学生社、1970年
井上光貞ほか校注『律令』（日本思想大系 3）、岩波書店、1977年
大津透『律令国家支配構造の研究』岩波書店、1993年
押部佳周『日本律令成立の研究』塙書房、1981年
シャルル・メイエール著／辻由美訳『中国女性の歴史』白水社、1995年
瀧川政次郎『律令の研究』刀江書院、1931年
竹内理三・滝沢武雄編『史籍解題辞典』上（古代・中世編）東京堂出版、1986年
中村吉治『家の歴史』農山漁村文化協会、1979年
福尾猛市郎『日本家族制度史概説』吉川弘文館、1980年
（茂野）

▶資料2-3　北条泰時消息

（上略）さてこの式目をつくられ候事は、なにを本説として被注載之由、人さだめて謗難を加事候歟。ま事にさせる本文にすがりたる事候はねども、ただ道理のおすところ被記録し候者也。かやうに兼日に定め候はずして、或はことの理非を御裁許ふりたる事をわすらかしておこしたて候。かくのごとく候ゆへに、かねて御成敗の躰を定めて、人の高下を不論、偏頗なく裁許せしめむがために、子細記録しをかれ候者也。この状は法令のおしへに違するところなど少々候へども、たとへば律令格式は、真名をしりて候物のために、やがて漢字を見候がごとし。かなばかりをしれる物のためには、真名にむかひ候時は人の目を仕たるがごとく、（漢字漢文を）読めなくて候へば、この式目は尽かな人に心えやすからせんために、あまりかな人に心えやすからせんために、あまりかなひのためばかりに候。これにより京都の御沙汰、律令のおきて聊も改まるべきにあらず候也。凡法令のおしへめでたく候なれども、武家のならひ、民間の法、それをうかがひ知りたる物は百千が中に一人もありがたく候歟。仍諸人しらず、法令の官人心にまかせて軽重の文を勘へ候故に、ひきかゆへ候なる間、其勘録一同ならぬ輩もかねて思惟し、人皆迷惑と云々。これにより文盲の輩も、兼日に思惟し、御成敗も変々ならず候はんために、この式目を注置れ候者也。京都人々の中に誘難を加事候はば、此趣を御心え候て御問答あるべく候。恐々謹言。

貞永元
九月十一日
　　　　武蔵守（泰時）
　　　　　　　　　在一
（重時）
駿河守殿

出典：『貞永式目　唯浄裏書』本＝佐藤進一・池内義資編『中世法制史料集』第1巻（日本思想大系 21）岩波書店、1969年ほか参照

解説　北条泰時が六波羅探題の弟の重時に送ったこの消息文（手紙文）には、貞永式目の制定に対する考え方が詳細に述べられている。公家の法である律令に対する謙譲に満ちた内容であるが、そうしたなかにも、法典制定に対する並々ならぬ意気込みを窺うことができる。

具体的な内容は、おおよそ次のような事柄からなっている。①武家社会の生活の倫理である「道理」によっていること。道理とは物ごとがそうあるべきすじみちとされているが、その根底にある考え方は、主に当代の五教・五倫といった儒教道徳に基づくものであった。②「人の高下を論ぜず」、公平を期するための訴訟のあり方を定める。③律令官人と違って、学問のない武士にもわかりやすいものを作る。④式目の制定によって何ら京都（公家社会）の律令に何らの変更が加えられるものではない。

『唯浄裏書』本は貞永式目制定に参与した斎藤左兵衛尉入道浄圓の一族の者であろうとされる六波羅探題の役人斎藤唯浄の手になるもので、式目制定から57年後の正応2年（1289年）に書かれ、現存する式目注釈書中最古のものといわれる。

（茂野）

▶資料2-4　五常五倫

一、五常と云は、仁義礼智信の五ツ也。此五ツは天然自然人に生れ付たる根性也。此五ツの根性を常に用ざればかなはざる事なる故、五常と云也。
一、五倫とは、五ツのたぐひとよみて、人に五ツの品あり。一に父子、二に君臣、三に夫婦、四に兄弟、五に朋友、是也。此五ツに法あり。

出典：『貞丈家訓』、石井紫郎校注『近世武家思想』（日本思想大系 27）岩波書店、1982年所収

解説　五常の仁とは慈悲のこと。義とは義理合いのこと。礼とは目上を敬い、目下の者を卑めず、自らは誇ることなく、驕らないこと。智とは、見聞していないことまでも、考え知り弁えること。信は正直のこととされる。

五倫（五教）は人の守るべき道とされ、孟子が説くところは「父子親あり、君臣義あり、夫婦別あり、長幼序あり、朋友信あり」という。親はしたしみ。主人より給わる扶持米給金を受ける恩に対して、主人の為に一命をすてると思うことが、家来の義理である。夫は表向の世話やき、妻は奥向の世話をやく、奥表差別を正しくして家を治ることを夫婦の別という。兄弟間については姉妹間も同じ心得とされる。兄の弟への慈悲が兄の法であり、弟が兄にそむくことなきを悌といゝ、これが弟の法である。朋友の法は、友だちの交りの法で、何事も真実にして偽りのないこととされ、奉公人の傍輩づきあいも同じ心得なりという。

（茂野）

▶資料2-5　武家諸法度（抄）

一　文武弓馬の道、専ら相嗜むべき事。
……
一　大名、小名、在江戸交替、相定むる所なり。毎歳夏四月中、参勤致すべし。従者の員数、近来甚だ多し。且は国郡の費、且は人民の労なり、向後其相応を以て、これを減少すべし。但し、上洛の節は、教令に任せ、公役は分限に随うべき事。
一　新儀の城郭構営堅くこれを禁止す。居城の隍塁・石壁以下敗壊の時は、奉行所に達し、其の旨を受くべきなり。櫓・塀・門等の分は、先規の如く修補すべき事。
（一カ条略）
一　何れの所に於て刑罰を行うと雖も、役者の外出向くべからず。但し、検使の左右に任すべき事。
一　新儀を企て、徒党を結び、誓約を成すの儀、制禁の事。
（一カ条略）
一　国主・城主・壱万石以上ならびに近習物頭は、私に婚姻を結ぶべからざる事。
（以下八カ条略）
一　五百石積以上の船、停止の事。
（一カ条略）
一　耶蘇宗門の儀、国々所々に於て弥堅くこれを禁止すべきの事。
○　一　不孝の輩これ有に於ては、罪科に処すべき事。
一　万事江戸の法度の如く、国々所々に於てこれを遵行すべき事。
右の条々、当家先制の旨に准じ、今度潤色してこれを定め訖。堅く相守るべき者なり。
　寛永十二年六月廿一日　朱印

出典：原漢文＝隈崎渡『日本法制史概論』春秋社、1951年所収「御触書寛保集成」参照。○印を附した箇条は石井良助校訂『徳川禁令考』（前集第1）創文社、1959年による

解説　この武家諸法度は慶長20年（元和元年、1615年）の「元和令」13カ条に次ぐ寛永令のもので、参勤交代の制度化や大船建造の禁止などが新たに追加された。

　江戸幕府は大名統制にあたって、まず、慶長16年（1611年）西国の諸大名に対し、頼朝以来からの代々の将軍家における法式を守り、江戸幕府から発せられた条目を遵守すべきこと、法度に背いた者を隠置しないこと、謀叛人・殺害人を隠置しないことの3カ条を誓わせた（三カ条の誓詞＝紙、大名誓詞）。翌年正月には東国の諸大名に対しても繰り返した。因みに、この「三カ条の誓詞」の全文について、次に、別の資料とし掲げたい。

　この両誓詞をもとに武家諸法度が成ったのだが、それ故に法度はそれまでに諸大名たちに服属誓約せしめた事項を全国的に体系化したものであった。この制定後、将軍の代替わりごとに若干の修正を加え発布するのが慣例とされた。しかし、8代将軍吉宗のときに天和令を踏襲してのち、歴代その風にならった。安政元年のものが海防の見地から大船製造の箇条を加えたことなどは、時代性による例外的なものであった。

参考文献　石井紫郎校注『近世武家思想』（日本思想大系27）岩波書店、1982年
井上和夫『藩法幕府法と維新法』下、厳南堂書店、1965年
栗田元次『江戸幕府政治(1)』国史研究会編輯（岩波講座日本歴史　6）1935年
進士慶幹『近世武家社会と諸法度』学陽書房、1985年
　　　　　　　　　　　　　　　　　　　（茂野）

慶長十六年法度　京都二條城ニ於テ諸大名ニ誓ハシメタルモノニテ、左記ノ三箇條ヨリ成ル。
一　如キ右大将家以後代々公方之公式可奉仰之、被出御條者、彌堅可守其旨事。
一　或背御法度、或違上意之輩、各國々不可被隠置事。
一　各抱置之諸侍以下、若為叛逆殺害人之由於有其届者、互不可被相抱事。
右條々若於相背者被遂御糺明、速可被処厳重法度也。
　慶長十六年四月十二日

出典：池辺義象『日本法制史書目解題』日本図書センター、1982年

資料2-6 御定書百箇条の刑罰の図式

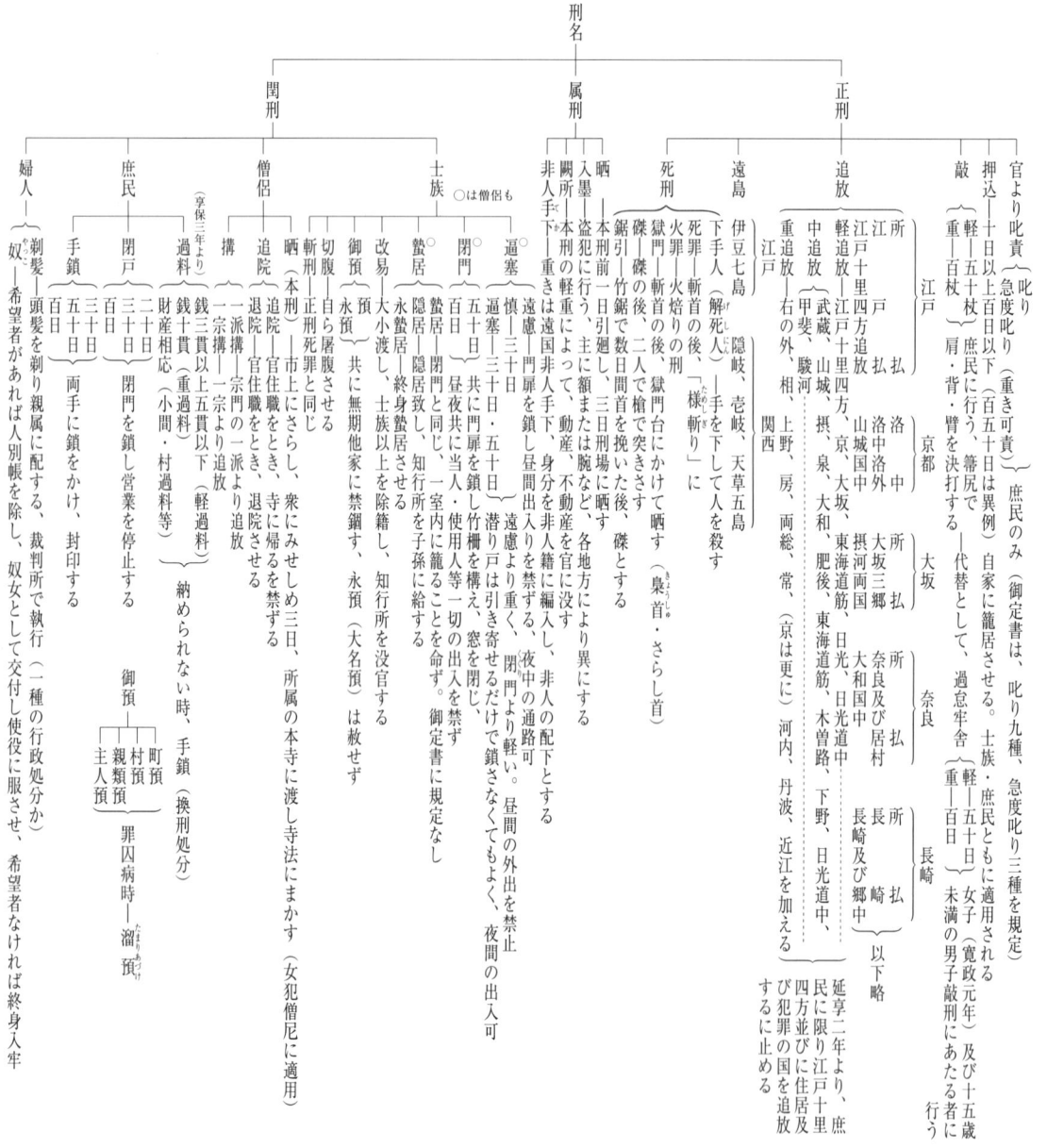

```
                                              刑名
           ┌──────────────────────────┬──────────────────────────┐
          閏刑                        属刑                        正刑
  ┌────┬────┬────┬────┐      ┌────┬────┬────┐    ┌────┬────┬────┬────┬────┐
 婦人 庶民 僧侶 士族          非人手下 闕所 入墨 晒 死刑 遠島 追放  敲  押込 官より叱責
```

（図式の詳細、右から左へ縦書き）

官より叱責
- 叱り〔急度叱り〕
- 重き叱責〔百五十日以下〕
  - 庶民のみ（御定書は、叱り九種、急度叱り三種を規定）
- 押込〔十日以上百日以下〕
  - 自家に籠居させる。士族・庶民ともに適用される
- 過怠牢舎
  - 代替として、過怠牢舎
  - 籠尻で臀を決打する
  - 女子（寛政元年）及び十五歳未満の男子敲刑にあたる者に行う

敲
- 軽─五十
- 重─百杖
- 肩・背・臀を決打する

追放
- 江戸十里四方追放──江戸十里四方、武蔵、山城、摂津、和泉、大和、肥後、東海道筋、日光、日光道中、木曽路、下野、日光道中、関東、上野、房、両総、常、（京は更に）河内、丹波、近江を加える
- 軽追放──江戸十里四方、京、大坂、東海道筋、日光、日光道中、下野、日光道中（京は更に）河内、丹波、近江を加える
- 中追放──武蔵、山城、摂津、和泉、大和、肥後、東海道筋、日光、日光道中、木曽路、下野、日光道中
- 重追放──右の外甲斐、駿河、相模、上野、房、両総、常
- 重追放の外関東、上野、房、両総、常
- 所払──江戸：京都：大坂：奈良：長崎
  - 延享二年より、庶民に限り江戸十里四方並びに犯罪の国を追放するに止める

遠島──伊豆七島、隠岐、壱岐、天草五島、下手人──本刑前日斬首の後、様斬り

死刑
- 下手人──本刑、斬首の後、様斬り
- 死罪──本刑、斬首の後、解死人──手を下して人を殺す
- 獄門──斬首の後、獄門台にかけて晒す（梟首・さらし首）
- 火罪──火焙りの刑
- 磔──磔刑
- 鋸引──鋸引の後、二人で槍で突きさす、三日晒場にて磔とする

晒──本刑に行う、盗犯に行う──本刑に行う、主に磔の前日、引廻しにより異にする

入墨──額または腕などに、各地方により異にする

闕所──動産、不動産を官に没す

非人手下──身分を非人籍に編入し、使用人等一切の出入を禁ずる

士族
- 切腹──自ら屠腹する
- 改易──永蟄居と隠居と共：閉門致し、知行所を子孫に給する
- 蟄居──永蟄居と隠居と共：閉門致し、使用人等一切の出入を禁ずる
- 閉門──五十日、百日、共に門扉を鎖し昼夜共に当人、使用人等一切の出入を禁ずる
- 逼塞──三十日・五十日、昼夜共に門扉を鎖す、夜中の通路可
- 遠慮──三十日─五十日、潜り戸は引き寄せるだけで鎖さなくてもよい。昼間の外出を禁ずる、夜間の出入不可

僧侶
- 構（享保三年より）──本刑、寺上にさらしめ三日、所属の本寺に渡し寺法にまかす（女犯僧尼に適用）
- 追院──一宗構、官住職をとき、退院させる
- 過料──銭十貫以上五貫以下（重過料）、銭三貫以下（軽過料等）──納められない時、手鎖（換刑処分）
- 斬髪──切髪、官住職をとき、寺に帰るを禁ずる
- 晒──衆にみせしめ三日、所属の本寺に渡し寺法にまかす

庶民
- 過料──納められない時、手鎖（換刑処分）
- 閉戸──三十日、両手に鎖をかけ、封印する
- 手鎖──五十日〜百日、両手に鎖をかけ、裁判所で執行（一種の行政処分か）

婦人
- 剃髪──頭髪を剃り親類に配する
- 奴──希望者があれば人別帳を除し、奴女として交付し使役に服させ、希望者なければ終身入牢

〇は僧侶も

御預
- 主人預
- 親類預
- 町預
- 村預
- 罪囚病時─溜預

出典：大久保治男「江戸の犯科帳」『歴史と旅』1979年9月号、原胤昭・尾佐竹猛解題『刑罰珍書集（1）─江戸の政刑一班』（近代犯罪科学全集 13）武侠社、1930年参照

解説 寛保2年（1743年）に成立した「公事方御定書」の下巻が『御定書百箇条』とされる。本資料はその最後の条項にあたる103条〈御仕置仕形之事〉を図解したものである。織田信長は自分を狙った僧を鋸引にしたという。鋸引は江戸時代には極刑中の最右翼として残されても、実際に行う刑罰とはされていなかった。その残酷さが泰平の世になじまないものとなり、みせしめとしての一種の晒の意味しかもたなくなっていたわけである。その晒には二種あって、鋸引にかぎり穴晒といわれたやり方で、首かせをして首だけ箱から出させて置く。もう一つは、地べたに坐らせての晒で陸晒（常の晒）であった。

閏刑は特別の身分の者の特別の犯罪に対して科される。

参考文献 石井良助『刑罰の歴史（日本）』（法律學體系第2法學理論篇134b）日本評論社、1952年
石井良助『新編江戸時代漫筆』上、朝日選書、1982年
大久保治男『江戸の刑法─御定言百箇条』高文堂新書、1978年
藤井嘉雄『大坂町奉行と刑罰』清文堂、1990年　　　（茂野）

▶資料2-7　明治期主要法令関連年表

西暦	和暦	法令	主な事件
1867	慶応3	12：総裁・議定・参与の三職設置	10：大政奉還　12：王政復古の勅令　小御所会議
1868	4	3：五か条の御誓文　五榜の掲示　4：政体書	4：太政官日誌（維新政府の機関紙）を発刊（77年廃止）
1868	明治元	9：明治と改元（一世一元の制）	
1869	2	5：出版条例　7：職員令（太政官制採用）	3：東京遷都　5：戊辰戦争終わる　6：版籍奉還
1870	3	9：平民に苗字を許す　12：新律綱領	8：制度局で民法取調開始　9：墨刑廃止
1871	4	7：廃藩置県　太政官制改正　8：婚姻自由令　穢多・非人の称廃止　9：田畑勝手作を許す　10：宗門人別帳を廃す	3：パリ・コミューン起こる　4：ドイツ帝国憲法制定　7：日清修好条規調印
1872	5	2：田畑永代売買を許す　10：人身売買の禁止・芸娼妓の年季奉公廃止　11：太陽暦布告	6：マリアルーズ号事件　8：農民間の身分制（草分、水呑、家抱など）を禁じ、職業の自由を許す
1873	6	1：徴兵令　改定律令（3年の新律綱領を補充し並行して行う）　7：布告・達の別　地租改正条例	2：キリシタン禁制の高札を撤廃　5・6：「血税一揆」頻発　10：征韓論敗れ西郷らも下野
1874	7	4：夫が懲役1年以上の刑に処せられた妻は自分の兄弟親戚の附添として離婚の許可（太政官指令）　12：恤救規則	1：愛国公党結成　民選議院設立建白　2：佐賀の乱起こる　4：台湾出兵　江藤新平刑死
1875	8	2：平民に苗字強制　6：裁判事務心得　讒謗律と新聞紙条例	1：大阪会議　2：愛国社創立　4：元老院・大審院を置き、漸次に立憲政体を立つるの詔発布　6：地方官会議（第1回）
1876	9	6：およそ罪を断ずるは証に拠らしむ	3：廃刀禁止　9：元老院に対し国憲起草の勅命
1877	10	2：保釈条例（明13、治罪法）　9：利息制限法　民法草案前半成る	2：西南戦争　4：旧開成所・医学校が合併し東京大学創設　6：立志社建白
1878	11	民法草案後半成る　7：地方三新法　12：参謀本部設置（統帥権独立）	7：元老院国憲起草第一次草案（英国憲法を模す）　8：竹橋騒動
1879	12	1：梟首刑廃止　9：教育令　10：徴兵令改正（免役範囲縮小）	2：東京法学社＝和仏法律学校（現・法政大学）創立　4：琉球藩廃止、沖縄県設置
1880	13	4：集会条例　7：刑法・治罪法　11：工場払下概則公布（官営工場の払下げ開始）	5：元老院に民法編纂局設置　7：専修学校（現・専修大学）創立　12：元老院「国憲按」上呈
1881	14	3：憲兵条例　4：太政官に商法編纂委員をおく　10：国会開設の勅諭	1：明治法律学校（現・明治大学）創立　3：参議大隈国会開設意見書提出　10：明治14年の政変　自由党結成（総理板垣退助）
1882	15	1：軍人勅諭　6：逆縁婚につき妻一たん実家帰籍を要する　8：戒厳令	3：伊藤、憲法調査のために渡欧　10：東京専門学校（後の早稲田大学）創立　曹洞宗大学林専門学本校（現・駒澤大学）開校
1883	16	4：新聞紙条例改正　8：陸軍治罪法	8：伊藤博文、憲法取調べから帰る　10：原胤昭、免囚の保護所を作る　この年、C.ラム作・井上勤訳『人肉質入裁制』（『ヴェニスの商人』の訳）出版される
1884	17	3：海軍治罪法　5：区町村会法改正　7：華族令	10：自由党解党　秩父事件　12：甲申事変起こる
1885	18	12：内閣制度制定（第1次伊藤博文内閣成立）	7：英吉利法律学校（現・中央大学）創立　法令全書編纂開始
1886	19	1：公文式（法令などの形式を規定）　2：各省官制　3：帝国大学令　8：登記法	6：甲府雨宮製糸場女工の同盟罷業（我が国最初のストライキ）　この年　夏島で憲法起草はじまる
1887	20	8：憲法夏島草案　12：保安条例　新聞紙条例改正　出版条例改正　版権条例	10：外務省から司法省に法律取調委員会が移管され、司法大臣・山田顕義（日本大学学祖）を法律取調委員会委員長に民法等本格的編纂事業に入る　12：三大事件建白
1888	21	4：市制・町村制　枢密院官制及び事務章程　10：民法草案中身分法完成（第1草案）	4：枢密院設置（伊藤博文議長）　5：憲法制定会議開始（枢密院）　この年、「君が代」を式典歌とする
1889	22	1：改正徴兵令　2：大日本帝国憲法　貴族院令　衆議院議員選挙法等公布　12：内閣官制	2：黒田首相「超然」演説　5：民法典論争始まる　10：日本法律学校（1903年日本大学と改称）創立
1890	23	2：裁判所構成法　5：府県制・郡制公布　6：行政裁判法　10：刑事訴訟法　法例（法97.→明治31年）民法財産取得編残部及人事編（施行に至らず）　元老院閉院の詔　教育勅語　12：商法施行延期法公布（施行を1893年に延期）	1：富山で米騒動、たちまち全国へ　11：第1回通常議会　憲法施行（29日）
1891	24	3：度量衡法	1：内村鑑三不敬事件　5：大津事件判決下る、司法権の独立を護る（政府の大逆罪適用要求に反対）　8：穂積八束「民法出テ忠孝亡フ」発表　12：田中正造、足尾鉱毒問題の質問書を初めて議会に提出
1892	25	1：予戒令（緊急勅令）　12：民法・商法施行延期法公布	5：品川内相第2回選挙で民党抑圧のため選挙干渉
1893	26	3：法典調査規則　7：商法一部施行	9：富岡製糸場を三井へ払下げ
1894	27	7：日英通商航海条約調印	8：日清戦争起る
1895	28	4：日清講和条約（下関条約）調印	4：三国干渉（露独仏3国）　5：日本軍台湾上陸
1896	29	4：民法1・2・3編公布	3：進歩党結成（総裁大隈重信）
1897	30	貨幣法により金本位制成立	7：労働期成会設立（日本最初の労働組合）
1898	31	6：民法4・5編　戸籍法　法例（法10、明治23年法97法例廃止）等公布	6：隈板（大隈・板垣）内閣成立、最初の政党内閣
1899	32	3：商法修正の件公布　文官分限令	7：外国人の内地雑居を許す
1900	33	3：治安警察法	9：伊藤博文、立憲政友会を組織
1901	34	4：民法中改正	5：社会民主党結成（即日禁止）
1904	37	4：非常特別税法	2：日露戦争　日韓議定書調印
1905	38	3：工場抵当法　鉱業法	9：ポーツマス条約、日比谷焼打事件（戒厳令布告）
1906	39	9：南満州鉄道株式会社に関する件	11：南満州鉄道株式会社設立
1907	40	2：公文式を廃し公式令公布　4：改正刑法	3：小学校令改正（義務教育6年）
1909	42	2：登極令	10：伊藤博文暗殺
1910	43	8：韓国併合に関する条約	5：大逆事件
1911	44	3：工場法（5年後施行）　4：市制、町村制改正　5：商法中改正	8：警視庁特別高等課設置　9：辛亥革命
1912	45		7：天皇没、嘉仁親王践祚、大正と改元

参考文献 川口由彦『日本近代法制史』新世社、1998 年
国立国会図書館編集発行『憲法資料展示会目録』1951 年
東京学芸大学日本史研究室編『日本史年表（増補版）』東京堂出版、1991 年
奈良本辰也監修・左方郁子『読める年表・明治大正編』自由国民社、1976 年
日本近代法制史研究会編『日本近代法 120 講』法律文化社、1992 年
（茂野）

▶資料 2-8　ハンムラビ法典

196 条	もしアヴィールムがアヴィールム仲間の目を損なったなら、彼らは彼の目を損なわなければならない。
197 条	もし彼がアヴィールム仲間の骨を折ったなら、彼らは彼の骨を折らなければならない。
198 条	もし彼がムシュケーヌムの目を損なったか、ムシュケーヌムの骨を折ったなら、彼は銀 1 マナ（約 500 グラム）を支払わなければならない。
199 条	もし彼がアヴィールムの奴隷の目を損なったか、アヴィールムの奴隷の骨を折ったなら、彼は彼（奴隷）の値段の半額を支払わなければならない。
205 条	もしアヴィールムの奴隷がアヴィールム仲間の頬を殴ったなら、彼らは彼（奴隷）の耳を切り落とさなければならない。

出典：中田一郎訳『ハンムラビ「法典」』（古代オリエント資料集成 1）リトン、1999 年

解 説　ウル第三王朝崩壊後、分裂状況にあったメソポタミアのほぼ全域を統一したのが、バビロン第一王朝の第 6 番目の王ハンムラビであり、このハンムラビが慣習法を成文化して作ったのが「ハンムラビ法典」である（古代オリエント　B.C. 1700 年ごろ）。「目には目を、歯には歯を（タリオの法）」で知られる。ハンムラビ法典は、世界最古の法典であるウル・ナンム法典に次いで古い法典である。

参考文献　荒松雄ほか編『古代 1　古代オリエント世界地中海世界Ⅰ』（岩波講座世界歴史 1）岩波書店、1969 年
大貫良夫ほか『人類の起原と古代オリエント』（世界の歴史 1）中央公論社、1998 年
（槇）

▶資料 2-9　十二表法

第 1 表 1	もし原告が（被告を）法廷に召喚するならば、（被告は）出頭すべし。もし（被告が）出頭せざれば、（原告は）証人を召喚すべし。その後に（原告は）被告を捉えるべし。
第 2 表 1	……（法律）訴訟は、十二表法が問答契約による請求をこの方式によるべきものと規定したように、法律がこの方式で訴訟を実行した場合に用いられた。
第 4 表 2b	もし父がその息子を 3 回売却すれば、（その）息子は父より自由たるべし。
第 8 表 2	もし彼が（他人の）四肢を分離せしめ、妥協ととのわざるときは、同害報復たるべし。
第 11 表 1	……、いかなるプレーブスもパトリキと婚姻してはならない……

出典：「十二表法」『西洋法制史料選 1　古代』久保正幡先生還暦記念出版準備会、創文社、1978 年

解 説　エトルリア人の王政を打倒した後、ローマにおける法知識はパトリキ（貴族）に独占され、恣意的に適用され得ることに対するプレブス（平民）の不満は大きかった。プレブスは、パトリキとの闘争のなかで、その法的安定をもたらすために、法知識を成文法化することを要求し、その結果、作成されたのがここで紹介する十二表法である（共和政ローマ　B.C. 450）。十二表法は、従来から存在した慣習法を再編したもので、体系的な形式にはなってはいない。その内容は、幅広いが、民事訴訟や現在の民法（財産、家統、不法行為など）の内容にあたる法である。

参考文献　勝田有恒ほか編『概説西洋法制史』ミネルヴァ書房、2004 年
K. W. ネル著／村上淳一訳『ヨーロッパ法史入門』東京大学出版会、1999 年
P. スタイン著／屋敷二郎監訳／関良徳・藤本幸二訳『ローマ法とヨーロッパ』ミネルヴァ書房、2003 年
（槇）

▶資料 2-10　ローマ法大全

第 19 巻第 1 章第 11 節（ウルピアーヌス告示註解第 32 巻）
2　売主は、まず第一に物自体を給付すること、すなわち引き渡すことを要する。たしかに、売主が所有権者であったときには、このことは飼い主をも所有権者にするが、しかし売主が所有権者でなかった場合には、代金が支払われたか、またはそれに関して担保が設定されたかの時に、（そのことは）追奪について売主を義務づけているにすぎない。これに対し、買主は金銭を売主の所有に帰することを強制される。
8　同様に、ネラーティウスがいうには、あなたが、他人の奴隷を売却したときにも、（当然奴隷が）盗および加害（を理由とする義務）から免れていることにつき責めを負わねばならないことは、全ての人により承認されており、そして買主訴権は、買主に（物）を保有せしめるための担保が設定されること、および彼に占有が引渡されることをも、その内容とする。

出典：「ローマ法大全」『西洋法制史料選Ⅰ　古代』久保正幡先生還暦記念出版準備会、創文社、1978 年

解説 ユスティニアヌス1世は、即位後まもなく法務長官トリボニアヌスをはじめとする10名からなる法典編纂のための委員会を組織し、ローマ法の集成にとりかかった。編纂委員会は、精力的に作業を進め、「勅法彙纂」、「学説彙纂」、「法学提要」を編纂し、ユスティニアヌス帝により出された勅令を集めた「新勅法彙纂」がまとめられた。先の3つとあわせて、「ローマ法大全」もしくは「ユスティニアヌス法典」と称される（東ローマ＝ビザンツ帝国529年）。ここで引用したのは、学説彙纂第19巻第1章第11節で、売主が所有権移転義務を負担していないことを示すものである。

参考文献 勝田有恒ほか編『概説西洋法制史』ミネルヴァ書房、2004年
K. W. ネル著／村上淳一訳『ヨーロッパ法史入門』東京大学出版、1999年
P. スタイン著／屋敷二郎監訳／関良徳・藤本幸二訳『ローマ法とヨーロッパ』ミネルヴァ書房、2003年　　　（横）

▶資料2-11　マグナ・カルタ

第1条	第一に、朕は、イングランド教会が自由であり、その諸々の権利およびその自由自体が不可分であること神に認め、朕および朕の相続人のために、この特許状をもって永久に確認する。……朕は、朕および朕の相続人のために、以下列挙の自由のすべてを、朕の王国の全自由人およびその相続人が保有保持すべきものとして、彼らに付与した。
第12条	いかなる軍役代納金も援助金も、朕の王国の助言によるものでなければ、朕の王国においては、これを課さない。ただし、朕の身代金を払うため、朕の嫡子を騎士とするため、朕の長女をはじめて嫁がせるための援助金で、合理的な範囲のものは、この限りではない。……。
第13条	ロンドン市は、その全ての古来の自由と……自由な関税を保持する。さらにこの他の都市、バラ（自治都市）町、港がその全ての自由と自由な関税を保持すべきことを朕は欲し認める。
第39条	いかなる自由人もその同輩の合法的な判決か国法によるものでなければ、逮捕あるいは監禁、差し押さえ、追放、または何らかの方法で侵害されてはならない。朕も彼の上に赴からず、また彼に対して［軍隊を］派遣しない。

出典：Magna Carta, The UK Statute Law Database（Ministry of Justice）および British Library、初宿正典・辻村みよ子編『新解説世界憲法集』三省堂、2006年

解説 ジョン王が、その失政に対して不満を抱くバロン（封土を国王より直接授けられた封臣）たちに屈服し、1215年バロンたちの要求の大部分を受け入れ、ここに発布されたものがマグナ・カルタである。その成立の背景から、マグナ・カルタは近代的な意味の「自由」や「人権」の保障を目的としたものではなく、バロンたちの国王からの「自由」や「権利」の保障が念頭に置かれた封建制度温存のためのものである。マグナ・カルタは、その後の歴代国王によりしばしば確認されていったが、非封建的な規定の適用範囲が次第に広げられ、エドワード・コークにより近代的な解釈が加えられたことで、マグナ・カルタは近代的な意味での自由と人権を保障するものとして、すべてのイギリス国民の自由と人権を保障するものとしてみなされることになった。

参考文献 青山吉信ほか編『世界歴史大系イギリス史1』山川出版社、1991年
川北稔ほか編『新版世界各国史イギリス史』山川出版、1998年
高木八尺・末延三次・宮沢俊義編『人権宣言集』岩波書店、2007年　　　（横）

▶資料2-12　権利の請願

(1) 我らの至高の主たる国王陛下に対し、国会に召集された聖俗貴族および庶民は、謹んで以下のように奏上申し上げる。エドワード1世の治世につくられた通称「承諾なき賦課金に関する法律」と呼ばれる法律により、……、陛下の臣下は、国会の一般的承認に基づいて定められたものでないいかなる税金、賦課金、援助金、その他同様の負担の支払いを強制されることはない、という自由を受け継いでいる。

(3) 「イングランドの大憲章」と呼ばれる法律によって、いかなる自由人も、その同法の合法的裁判または国土の法によるものでなければ、逮捕、監禁され、その自由保有地、自由もしくはその自由な慣習を奪われ、法外放置もしくは追放、またはその他いかなる方法によっても侵害されることはない。

(5) にもかかわらず、……近年多数の陛下の臣民が、何等の理由も示されることなく監禁された。……

(6) また、近年、王国の多くの州に、陸海兵士の部隊が派遣され、王国の法と慣習に反して、住民はその意思に反して、彼らをその家に受け入れ、かつ彼らを滞在させることを強制されており、人民の大きな不平と悩みになっている。

(7) ……国会によって、何人も、大憲章および国法の定めるところに反して、生命または身体を奪われることはない。また、前述の大憲章その他、陛下の王国の法律によって、我が王国の慣習または国会制定法によって確立されたこの陛下の王国の法によるものでなければ、人を死刑に処してはならない。また、いかなる種類の犯罪人も、この陛下の王国の法律に従って適用されるべき訴訟手続と刑罰の適用を除外されることはない。それにもかかわらず、近年、陛下の国璽を捺した様々な授権状が発せられ、それによって、ある人々が権限と権能を有する奉行に指名され、任

2　法の歴史　13

命された。それは、陸海兵士その他彼らとともに行動する放縦な人々で、殺人罪、強盗罪、重罪、反逆罪、その他すべての非行または軽罪を犯した者に対し、国内で軍法に従って訴追を行い、戦時中軍隊で用いられる簡易な手続と順序によって、該当する犯罪人の審理と有罪の宣告を行い、軍法に従って彼らに対して死刑を執行し、死に至らしめるという権限と権能である。

(10) したがって、国会に召集された聖俗貴族および庶民は、……次のことを嘆願申し上げる。すなわち、今後何人も、国会制定法による一般的な同意なくして、いかなる贈与、貸付、上納金、税金、その他同種の負担を負い、または、それに応じるように強制されないことを。何人もこのことに関し、答弁、……宣誓、……もしくは出頭を求められず、勾留されず、その他様々な方法で苦痛を加えられ、心の平穏を奪われることはないこと。いかなる自由人も、前記のような方法によって拘禁または抑留されないこと。……。

出典：The Petition of Right, The UK Statute Law Database（Ministry of Justice）、初宿正典・辻村みよ子編『新解説世界憲法集』三省堂、2006年

解説 チャールズ1世の圧政に対し、国会は、国王の責任を追及すると同時に臣民の自由と権利の再確認を求める法案を提出しようとした。思想家・法学者として著名であった庶民院議長エドワード・コークにより、国王がその大権の行使により法律を無視したときに個人が救済を求める手段であった、請願という形式をとって国王に提出され、チャールズ1世が国会の強硬な態度に屈服し、受け入れたのが、「権利の請願」である。

参考文献 青山吉信ほか編『イギリス史1』（世界歴史大系）山川出版、1991年
川北稔ほか編『イギリス史〔新版〕』（世界各国史 11）山川出版、1998年
高木八尺・末延三次・宮沢俊義編『人権宣言集』岩波書店、2007年
(横)

▶資料2-13　権利の章典

……聖俗貴族および庶民は、……、彼らの古来の自由と権利を擁護し、主張するため、次のように宣言した。
国王は、王権により、国会の承認なしに法律を停止し、または法律の執行を停止し得る権限があると称しているが、そのようなことは違法である。……教会関係に関する事件を処理させるためにかつて存在した宗務官裁判所を設置する授権状、その他同様の性質をもつ授権状および裁判所は、全て違法であり、有害である。大権の名の下に、……、[国会が]認め、認めるべき態様と異なった態様で、王の用に供するための金銭を徴収することは、違法である。国王に請願することは、臣民の権利であり、このような請願をしたことを理由とする収監もしくは訴追は、違法である。……過大な保釈金が要求されてはならず、過大な罰金が科されてはならず、残虐で異常な刑罰も科せられてはならない。……あらゆる不平の救済のため、また法律を修正し、強化し、かつ保全するため、国会はしばしば開かれなければならない。……

出典：Bill of Rights, The UK Statute Law Database（Ministry of Justice）、初宿正典・辻村みよ子編『新解説世界憲法集』三省堂、2006年

解説 旧教徒であったジェームズ2世は、国王大権を強化し、親旧教政策を公然と行い、これに対する反対を抑えるために圧政を行った。国会は、1688年ついにジェームズ2世を打倒すべく、ジェームズ2世の長女メアリーの夫オレンジ公ウィリアムに書簡を送り、協力を要請した。ウィリアムは、これに応えて、軍を率いイギリスにわたり、国会側勢力と協力し、ジェームズ2世を追放し、名誉革命が成就することになった。1689年国民協議会が招集され、名誉革命後の措置に法的効果を与えるために、国民協議会は権利宣言を起草しつつ、これを承認することを条件としてウィリアムをメアリーとイギリスの共同統治者とすることを決議し、ウィリアムとメアリーは、これを承認して共同で王位に即いた（イギリスで歴史上共同統治者が認められた唯一の例）。これにより、ピューリタン革命以来の国王と国会の争いに決着がつけられることになった。ここで紹介するのは、「権利の請願」を基礎にして、イギリスにおける立憲君主制を確立した「権利の章典」である。

参考文献 青山吉信ほか編『イギリス史1』（世界歴史大系）山川出版社、1991年
川北稔ほか編『イギリス史〔新版〕』（世界各国史 11）山川出版社、1998年
高木八尺・末延三次・宮沢俊義編『人権宣言集』岩波書店、2007年
(横)

▶資料2-14　フランス人権宣言

　国民議会を構成するフランス人民の代表者たちは、人権についての無知、忘却あるいは軽視のみが、公の不幸および政府の腐敗の唯一の原因であることを鑑み、人間の譲り渡すことのできない神聖な自然的権利を厳粛な宣言において提示することを決意した。……、今後、市民の要求が簡潔にしてかつ誰の目にも明らかな原理に基礎をおくことにより、常に憲法の維持と万人の幸福に向かうようになるためである。
　したがって、国民議会は、至高の存在を前に、またその庇護の下に、以下のような人間及び市民の権利を承認し、かつ宣言する。
第1条　人間は自由かつ権利において平等なものとして生まれ、かつ生存する。社会的差別は共同の利益に基づいてのみ設けることが出来る。

第3条　すべての主権の淵源は、本質的に国民にある。いかなる団体も、いかなる個人も、明示的に発しない権限を行使することはできない。

第6条　法は、一般意思の表明である。全ての市民は、自身で、あるいはその代表者を通じて、その形成に参与する権利を有する。法は、保護するのであれ、処罰するのであれ、万人に対し同一でなければならない。全ての市民は、法の前では平等であり、その能力に従って、かつ、その徳性および才能以外の差別無く、等しく、全ての位階および地位に就くことが出来る。

第16条　権力の保障が確保されず、権力の分立が規定されていない全ての社会は、憲法をもたない。

第17条　所有権は、神聖かつ不可侵の権利であり、何人も、合法的に確認された公的必要性が明白に要求される場合で、かつ事前の正当な補償の条件の下でなければ、その権利を奪われない。

出典：Déclaration des droits de l'Homme et du citoyen de 1789、初宿正典・辻村みよ子編『新解説世界憲法集』三省堂、2006年

解説　フランス革命の際のいわゆる人権宣言は、正式には、「人および市民の権利宣言」という。この宣言は、1789年8月17日から憲法制定会議が議論を開始し、26日可決採択したものである。人権宣言は、人間の普遍的権利を宣言する一方で、これを保障するための近代社会の基本原理が宣言されているものである。なお、この人権宣言は、1791年の憲法の前文として採択され、その後も、いくつかの憲法前文で言及されている。しかし、それ以上に、この宣言が、歴史上他の諸国に与えた影響は大きく、それ以後、フランスおよび多くの諸外国の憲法は、なんらかの形で影響を受けることになった。

参考文献　柴田三千雄ほか編『フランス史2』（世界歴史大系）山川出版社、1996年

高木八尺・末延三次・宮沢俊義編『人権宣言集』岩波書店、2007年

福井憲彦編『フランス史〔新版〕』（世界各国史12）山川出版社、2001年

歴史学研究会編『ヨーロッパ近代社会の形成から帝国主義へ』（世界史史料6）岩波書店、2007年　　（槙）

3 裁判制度

▶資料3-1　訴　　状

訴　　状

〔収入印紙貼用〕

平成○○年○月○日
原告訴訟代理人弁護士　○○　○○　㊞

東京地方裁判所　民事第○部　御中

東京都○○区○○町○丁目○番○号
原告　○○　○○
（事務所および送達場所）
東京都○○区○○町○丁目○番○号
○○法曹ビル○号
上記原告代理人弁護士　○○　○○

東京都○○区○○町○丁目○番○号
被告　○○　○○

貸金返還請求事件
訴訟物の価額　金○○○万円
貼用印紙額　金○万円
予納郵券　金○○○○円

記

第1　請求の趣旨
　1　被告は原告に対し、金○○○万円およびこれに対する平成○○年○月○日から支払済までの年○パーセントの割合による金員を支払え。
　2　訴訟費用は原告の負担とする。
　との判決ならびに仮執行宣言を求める。
第2　請求の原因
　1　原告は、平成○○年○月○日、被告との間において、以下の約定のもと、金銭消費貸借契約を締結し、被告に対し、金○○○万円を貸し渡した（甲第○号証）。
　　(1)　被告は、平成○○年○月○日までに元金を弁済する。
　　(2)　利息は年○パーセントとし、同期日までに支払う。
　　本件契約当時、被告は起業を考えており、事業資金を必要としていたため、被告の申し出に応じて貸与したものである。
　2　被告は、その後、音信不通・所在不明となり、弁済期を徒過した。原告は、被告を捜索し、所在を突き止め、支払いを求めたのであるが、被告は弁済しようとしない。
　3　そのため、原告は被告に対し、貸付金元本○○○万円およびこれに対する平成○○年○月○日から同○月○日まで、上記約定による年○パーセントの割合による利息および約定の弁済期日の翌日である同○月○日から支払済までの約定利率年○パーセントの割合による遅延損害金の支払を求めて本訴におよんだものである。

証拠方法

1　甲第○号証（金銭消費貸借契約書）1通

添付書類

1　甲号証写　各1通
2　訴訟委任状

解説　訴状とは、民事訴訟において原告本人または訴訟代理人が作成し、裁判所に提出する書面であり、審判の対象（訴訟物）を特定し、その存否につき裁判所に判断を求めるものである（民訴133条～138条、民訴規53条～59条）。訴状の必要的記載事項（民訴133条2項）は、次の通りである。第一に、当事者および法定代理人の表示が必要である。当事者は住所および氏名により特定するが、本人を同定することができれば、氏名を通称や芸名で記載することも許されている。第二に、裁判の結論となる主文に対応する請求の趣旨を記載しなければならない。第三に、請求（訴訟物）の内容を特定するために必要な請求の原因を記載しなければならない。そして、請求を理由づける事

実や、重要な関連事実および証拠を記載し、また、重要な証拠の写しを添付しなければならない（民訴規53条〜55条）。この点、刑事訴訟における起訴状については、予断排除の見地から、これらの書類の添付を禁止している（刑訴256条6項。起訴状一本主義）。なお、簡易裁判所に提出する訴状については、紛争の要点のみを記載すれば足りる（民訴272条）。訴状の任意的記載事項であるが、原告またはその代理人の郵便番号および電話番号・ファックス番号を記載することができる（民訴規53条4項）。裁判長は、受領した訴状の記載事項につき審査権を有する（民訴137条）。請求が特定されていない場合、あるいは収入印紙金額の納付が不足する場合は、裁判長は補正命令を発し、補充および訂正、あるいは不足額の納付を命じる。原告が不備を補正しない場合は訴えを却下する。訴えを却下した際には原告に訴状を返還する（民訴規57条参照）。なお、訴状を受理し、訴訟係属を生じた場合であっても、当事者の主張が不明瞭であれば、裁判所は釈明権を行使し、その内容を明らかにしなければならない。訴状の送達は、副本を被告に送達することによりなされる（民訴138条、民訴規58条1項）。この点につき、簡裁に対する提訴は口頭のみで足りるので、原告が訴状を作成する義務はない（民訴271条・273条）。実際のところ、簡裁は訴状のフォーマットを準備し、その利用を推奨しているため、口頭による提訴は少ない。

(根本)

▶資料3-2　冒頭陳述

```
                              冒頭陳述書
平成○○年○月○日
東京地方裁判所　刑事第○部　殿

                                         東京地方検察庁　検察官　検事　○○　○○

　被告人○○○○に対する業務上過失致死被告事件について、検察官が証拠により証明しようとする事実は次の通りである。

第1　被告人の身上・経歴等
　　被告人は、昭和○○年○月○日、東京都○○区で出生し、……○○病院に医師として医療業務に従事しており、……現在は、住所地において、妻および長男と3人で生活している。
第2　被害者○○○○の身上・経歴等
　　被害者は、昭和○○年○月○日、父○○○○、母○○○○の間の長男として神奈川県○○市で出生し、……本件当時は○○歳○ヶ月の学生であった。
第3　被害者が受傷後、救急救命センターにおいて被告人の診察を受けるまでの経緯
　　被害者は、……（受傷機序の詳細な説明）
第4　犯行状況等
　　1　被告人の診察状況
　　　被告人は、同日、救急当直医として当直控室にて待機していたところ、救急救命センターからの連絡を受け、……（診察状況や被害者とのやり取りについての詳細な説明）
　　2　被告人の過失
　　　被告人は、……と軽信した。
第5　被害者が死亡に至る経緯等
　　……被害者の死亡が確認された。
第6　被告人の過失と被害者の因果関係等
　　1　被害者の死因
　　　被害者は、……死亡した。
　　2　被告人の過失と被害者の因果関係
　　　……被告人は、業務上の注意義務を尽くさないという過失により、被害者を死亡させた。
第7　その他の情状
```

解説　刑事訴訟における公判期日の手続は、冒頭手続→証拠調べ→弁論→判決の順序により進行する。このうち、証拠調べは、審判の対象である訴因に記載されている犯罪事実について、裁判所が有罪あるいは無罪の心証を形成するための重要な手続であり、公判手続の中核を構成するものである。刑事訴訟法も、証拠調べの過程に関する規定を整備しており、明文もしくは解釈による、さまざまな法原則を確立している（証拠法則）。そして、冒頭陳述とは、証拠調べの端緒に行われる手続であり、犯罪事実についての証明責任を負担する検察官が、証拠により証明する事実を明らかにする手続である（刑訴296条）。なお、冒頭手続の目的であるが、裁判所に対しては、心証形成の対象を明らかにし、被告人・弁護人に対しては、防御の対象を明らかにすることであると説明されている。

(根本)

▶資料3-3 和解契約書

和解契約書

甲と乙は、下記交通事故に起因して発生した損害の一切につき、以下の約定にしたがい和解する。

第1条（事故の特定）
 (1) 日　時　　平成○○年○月○日○時○分
 (2) 場　所　　東京都○○区○○町○丁目○番地付近の路上
 (3) 本件事故の当事者および運転車両
　　甲（被害者）　自家用自転車
　　乙（加害者）　自家用自動車（練馬○○　○○-○○）
 (4) 事故および損害の状況
　　乙は、上記車両を運転中、脇見をしたことにより、自転車で道路を横断していた甲と接触し、転倒させ、全治1箇月の怪我を負わせたものである。

第2条（損害賠償の合意および賠償の方法）
　乙は本件事故に起因して甲に生じた損害の一切を、下記の方法により甲に対して賠償する。
 (1) 治療費・交通費等　　○○万円
 (2) 休業損害　　　　　　○○万円
 (3) 慰謝料　　　　　　　○○万円
 (4) 物　損　　　　　　　○○万円
　　合　計　　　　　　○○○万円
　乙は甲に対して上記金員を交付し、甲は受領した。

第3条（警察署および検察庁への届出）
　乙は所轄○○警察署および○○検察庁に対し、本件和解の顛末を報告し、本件和解契約書の写しを提出する。
　甲は、本件事故に関する被害届を取り下げる。

第4条（清算条項）
　甲乙間には、本件和解契約書中の条項以外に、何らの債権債務が存在しないことを確認する。

　甲乙間には、以上のとおり和解契約が成立したので、和解契約書2通を作成する。甲乙は各1通を保管する。

平成○○年○月○日

　　　　　　　　　　　　　　　　　　　　　　　　　　　甲　住所　氏名　［押印］
　　　　　　　　　　　　　　　　　　　　　　　　　　　乙　住所　氏名　［押印］

解説　和解契約とは、当事者が互譲により紛争を解決する契約である。和解契約の成立要件は、当事者間に紛争が存在すること、その紛争について当事者が互いに譲歩すること、である（民695条。諾成不要式の有償双務契約）。一般に示談と呼ばれている合意は、当事者の合理的意思解釈として和解契約と解することが多い。和解契約は、諾成不要式の契約であるが、後日の蒸し返しを防ぐため、書面をもって締結するのが通常である。その際には、日付や署名は当然のこと、紛争の状況を必ず記載する。もっとも、詳細は不要であり、示談の対象となる紛争の範囲を明確にする趣旨で記載すれば足りる。また、損害賠償額を分割にて支払う場合には、公正証書（強制執行受諾文言）の形式を採用するべきである。なぜならば、この形式を採用しないと、支払の遅滞が生じた際に、再度提訴しなければならないところ、公正証書の形式によれば、再訴することなく強制執行が可能となるからである。和解契約成立後は、その余の一切の請求権を放棄したことになる。後日になってから、和解内容と異なる証拠が発見されたとしても、和解を覆すことはできない。ただし、この点につき判例は、交通事故に関し、示談当時全く予測し得ない重大な後遺症が発生した場合においては、当該後遺症を新たな損害の発生と見て損害の賠償を認める余地を示していることに注意するべきである、とする。なお、蒸し返しを可及的に防止する目的で、和解契約の一条項として清算条項（上記契約書例の第4条参照）を規定するのが通常である。　　（根本）

▶資料3-4 判決文

```
平成○○年○月○日判決言渡　同日原本領収　裁判所書記官　[押印]
平成○○年（ワ）第○○号　不当利得返還請求事件
口頭弁論終結日　平成○○年○月○日
```

判　決

東京都○○区○○町○-○
原告　○○　○○
上記訴訟代理人弁護士　○○　○○

東京都○○区○○町○-○
被告　○○　○○
上記訴訟代理人弁護士　○○　○○

主　文

1　被告は原告に対し、○○万円ならびに内金○○万円に対する平成○○年○月○日から支払済までの年5分の割合による金員、および内金○○万円に対する平成○○年○月○日から支払済までの年5分の割合による金員を支払え。
2　訴訟費用は被告の負担とする。
3　この判決は、仮に執行することができる。

事実および理由

第1　原告の請求
　　主文1と同旨

第2　事実の概要
　　本件は、……不当利得返還請求をした事案である。
　1　争いのない事実
　　……
　2　請求の原因
　　……よって、原告は被告に対し、不当利得返還請求権に基づき支払いを求める。
　3　被告の主張
　　……被告としては認めることができない。
　4　争点
　　(1)　被告は悪意の受益者か。
　　(2)　……

第3　当裁判所の判断
　1　争点(1)について
　　……
　2　争点(2)について
　　……
　3　以上によれば、原告の本訴請求は、……理由がある。よって、主文のとおり判決する。

東京地方裁判所民事第○○部
裁判官　○○　○○

解説　判決とは、裁判所が訴訟における審判の対象（民事訴訟においては訴訟物としての請求、刑事訴訟においては公訴事実としての訴因）について示す判断の一類型である。本解説においては、主に民事訴訟の第一審判決について説明するが、行政事件に関する行政事件訴訟法は、民訴法の規定を準用しているので、併せて説明をする。

民事訴訟と行政事件訴訟における判決は、口頭弁論を経た後になされ（民訴87条1項本文、行訴7条）、その言渡により効力（既判力）を発生する（民訴250条・252条、行訴7条）。判決の類型としては、訴訟物に対する判断を示した本案判決と、訴えが不適法であるため訴訟物に対する判断に入らない訴訟判決がある。本案判決の類型としては、原告の請求に理由ありと判断する請求認容判決と、原告の請求に理由なしと判断する請求棄却判決がある。なお、前者については、原告に対する給付を命じる給付判決、権利関係の有無や範囲を確認する確認判決、判決により新たな法律関係を創り出す形成判決がある。また、行政事件訴訟の特殊性の表われとして、事情判決の制度がある。つまり、国や地方公共団体の処分行為は違法であるも、当該処分行為を取り消すことが公共の福祉に適合しないと認めるときは、裁判所は主文において当該処分を違法と宣言しつつ、当該請求を棄却することができる（行訴31条）。訴訟判決の類型としては、訴訟要件を欠き、訴えの提起が不適法とされた場合において、請求の審理に入らない訴え却下の訴訟判決を挙げることができる。

（根本）

▶資料3-5 調 停

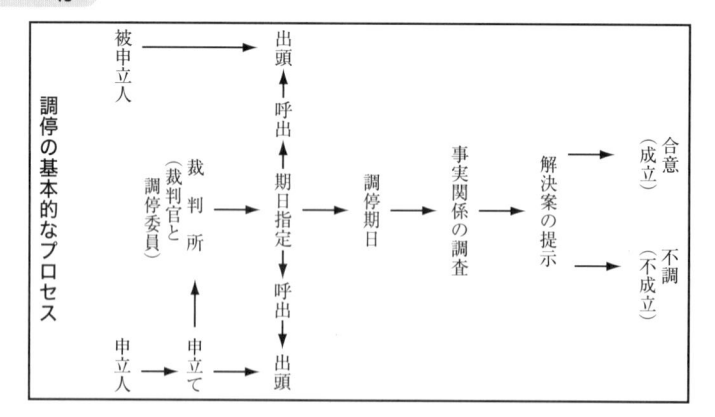

調停の基本的なプロセス

被申立人 → 出頭 ← 呼出 ← 裁判所（裁判官と調停委員）→ 期日指定 → 調停期日 → 事実関係の調査 → 解決案の提示 → 合意（成立）／不調（不成立）

申立人 → 申立て → 裁判所 ← 呼出 → 出頭

解説 本解説においては、主に民事調停の手続について説明をする。民事調停とは訴訟（判決手続）以外の方法により私的紛争を解決する法律上の手続であり、裁判外紛争解決手続（ADR, Alternative Dispute Resolution）の一類型である。

民事調停においては、裁判官のほか、裁判官以外の2名以上の調停委員を加えて組織する調停委員会が、当事者の申立ての内容を審理し、事実関係を整理して、法律および条理に照らして譲歩を促し、当事者の合意を形成することにより、自主的解決に近い内容の紛争解決を企図するものである。調停と訴訟を比較すると、調停は、証拠法則などにつき手続が簡略化されているので利便性が高い、必ずしも権利義務の存否という法律的主張の形にとらわれないため、事実上の主張も可能であるほか、解決内容についても、法律上認められた効果、たとえば損害賠償という形にとらわれない、陳謝の意を表するなどの方法による解決も可能である、費用が低廉である、手続は非公開にて進められるため、第三者に紛争の内容を知られる恐れが少ない、合意の内容を記載した調停調書は確定判決と同様の効力をもち、これに基づき強制執行を申し立てることも可能である、などのメリットがある。民事調停は、民事に関する私的紛争を対象とした手続であるが、対象とされる紛争の具体例としては、金銭消費貸借や売買をめぐる紛争、交通事故をめぐる紛争、借地借家をめぐる紛争、農地の利用をめぐる紛争、従来型の公害や日照をめぐる紛争などが挙げられる。なお、民事調停は、上記紛争のみならず新しい紛争類型にも対応しつつあり、たとえば、医事紛争や建築紛争など、紛争解決の手段として専門的な知識と経験を必要とする事件についても、医師・建築士・不動産鑑定士などの資格・免許を有する専門家の調停委員が関与することにより、適切かつ円滑な解決を図ることが期待されている。また、民事調停の特例として、多重債務者の弁済方法につき、債務者の再建を考慮しつつ支払を続けてゆく方途を模索し、その合意を形成する手続として、特定調停の制度が存在する。

（根本）

▶資料3-6 陪審制度・参審制度・裁判員制度

	事実認定	法律の解釈適用	量刑	選任方法
陪審制度	陪審員	裁判官	裁判官	事件単位
参審制度	裁判官・参審員	裁判官・参審員	裁判官・参審員	期間（任期）制
裁判員制度	裁判員	裁判官	裁判員	事件単位

解説 いずれの制度も、国民が刑事裁判に参加する制度である点においては同様の性質を有する。もっとも、各制度は、国家の刑罰権の実現を目的とする公判手続における、事実認定・法律の解釈と適用・量刑の各プロセスについて、裁判官以外の審判員をどのように関与させるのかにつき異なる対応をしている。陪審制は、イギリスやアメリカ合衆国などの英米法系諸国において採用されているところ、事実認定は陪審員のみが、そして法律の解釈と適用・量刑は裁判官のみが行い、陪審員は事件単位で選任される点に特色があるといえる。参審制は、ドイツ・フランス・イタリアなどのヨーロッパ大陸法系諸国において採用されているところ、裁判官のみならず、裁判官以外の審判員も各プロセスに関与し、参審員は任期付により選任される点に特色があるといえる。以上の伝統的な制度に対し、我が国の裁判員制度は両制度を折衷したものということができ、裁判官の権限は主として法律の解釈と適用とされ、審判員は事実認定と量刑に関与し、審判員は事件単位で選任される点に特色があるといえる。平成21年5月21日より実施される、我が国の裁判員制度について概説すると、対象とする事件は、地方裁判所にて審理されるところの、法定刑に死刑または無期懲役もしくは無期禁固を含む刑事被告事件であり、裁判所の構成は裁判官3名と裁判員6名とする、裁判員の選任方法は、衆議院議員の選挙人名簿のなかから無作為にて抽出された候補者のうち、裁判所による選任手続を経て選任され、これを受任した者である、任期は当該事件の審理期間中のみであり、評決方法は多数決によるが、裁判官と裁判員の各々から1名以上の賛成があることを必要とする、裁判員制度の年間利用数は、平成17年度の係

属事件を基礎に推計すると、3629件である。　　　（根本）

▶資料3-7　審級制度（三審制）

		第一審	控訴審	上告審	事物管轄・職分管轄
民事事件	簡易裁判所	地方裁判所	高等裁判所	訴訟物価額140万円以下の事件
	地方裁判所	高等裁判所	最高裁判所	
	家庭裁判所	高等裁判所	最高裁判所	人事訴訟事件
	高等裁判所		最高裁判所	特許訴訟事件・独禁法訴訟事件（二審制）
刑事事件	簡易裁判所	高等裁判所	最高裁判所	法定刑罰金刑以下の刑事事件
	家庭裁判所			家庭事件審判および調停・少年事件調査および審判
	地方裁判所			
	高等裁判所			内乱罪に関する刑事事件（二審制）

解説　審級制度とは、同一の事件について同一の系列に属する複数の裁判所が審理することにより、同一の事件につき複数回の審理を受けられる制度である（審級管轄）。裁判の結果についての誤謬を可及的に減少させることを目的とする制度である。我が国の裁判制度は、周知のとおり三審制を採用している。三審制は、権利義務または事実関係の存否について争われる訴訟事件（判決手続）に限らず、裁判所の決定や裁判官の命令についても三審制を保障している。もっとも、我が国の裁判制度は、裁判所の構成につき、簡易裁判所・地方裁判所（家庭裁判所）・高等裁判所・最高裁判所の4審級に区分しているため、裁判所の事物管轄や職分管轄との関連により、三審制は原則的形態にとどまり、例外的態様としての二審制も存在する。なお、判決手続の場合は、第二審を控訴審、第三審を上告審と呼び、後二者をあわせて上訴というが、決定や命令については、第二審を抗告審、第三審を再抗告審という。また、上訴については、飛越上告（民訴法）もしくは跳躍上告（刑訴法）という制度が認められている。これは、第一審判決に不服があり、事実関係に争いがなく、法律解釈と適用のみにつき争いがあり、当事者間に合意がある場合に限り、第二審を省略し、直接に最終審に上告する制度である。この制度は、主として訴訟経済を考慮して認められたものである。
（根本）

個別法
編

4 憲 法

▶資料 4-1 日本国憲法の原理と構造

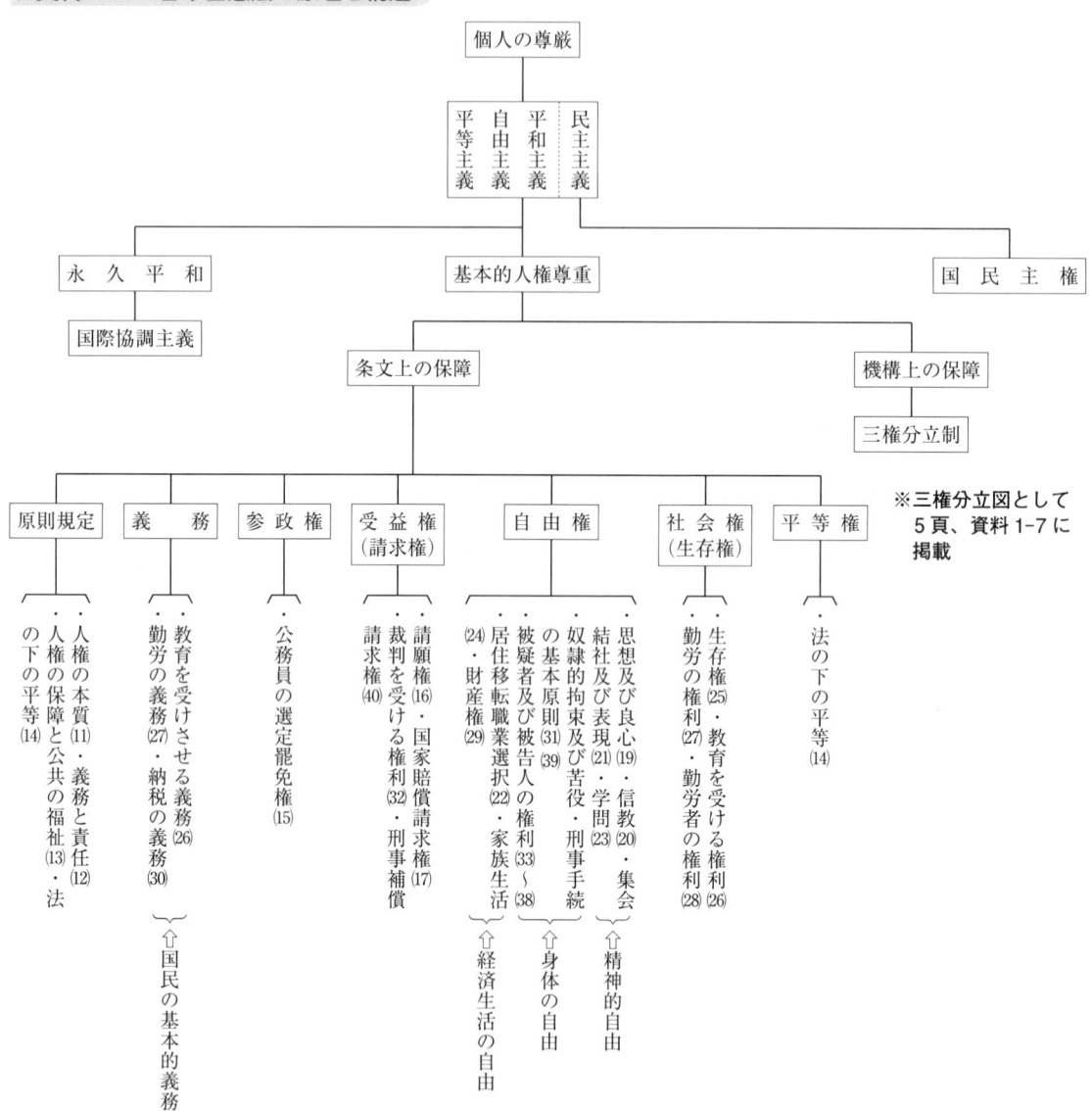

```
                    個人の尊厳
                        │
        ┌───────┬───────┬───────┐
        │平等主義│自由主義│平和主義│民主主義│
        └───────┴───────┴───────┘
        │              │              │
      永久平和      基本的人権尊重      国民主権
        │              │
    国際協調主義   ┌──────┴──────┐
                条文上の保障    機構上の保障
                    │              │
                    │          三権分立制
```

※三権分立図として5頁、資料1-7に掲載

条文上の保障の分類：
- **原則規定**：人権の本質(11)・人権の保障と公共の福祉(13)・義務と責任(12)・法の下の平等(14)
- **義務**：教育を受けさせる義務(26)・勤労の義務(27)・納税の義務(30) ⇒国民の基本的義務
- **参政権**：公務員の選定罷免権(15)
- **受益権（請求権）**：請願権(16)・国家賠償請求権(17)・裁判を受ける権利(32)・刑事補償・請求権(40)
- **自由権**：
  - 思想及び良心(19)・信教(20)・集会、結社及び表現(21)・学問(23) ⇒精神的自由
  - 奴隷的拘束及び苦役・刑事手続の基本原則(31)(39)・被疑者及び被告人の権利(33)〜(38) ⇒身体の自由
  - 居住移転職業選択(22)・財産権(29)・家族生活(24) ⇒経済生活の自由
- **社会権（生存権）**：生存権(25)・教育を受ける権利(26)(28)・勤労の権利(27)・勤労者の権利(28)
- **平等権**：法の下の平等(14)

解説 憲法は国家の構成・統治組織・統治作用について定める基本法である。近代の立憲主義的憲法は、個人の尊厳を最高の価値をおくべきものとしている。日本国憲法13条はこの個人の尊重について規定している。個人の尊厳は近代社会のもとでの基本原理であって、人権の根本原則で、憲法全体にわたる原則となっている。この個人の尊厳について個人が自らの人格を自由に示すことができるという「自由主義」と個人の意思に基づいて政治的意思決定をするという「民主主義」という2つの側面から憲法は捉えている。

(茂野)

▶資料4-2　選挙人名簿

その一

住　　　　　所	氏　　名(ふりがな)	生年月日	性別

登　　録	年　月　日	住民票作成日 転入届出日	年　月　日	投票区
表示・表示の消除 (理由及びその年月日)	年　月　日 年　月　日	備　考		
抹　　消 (理由及びその年月日)	年　月　日			市(区)(町)(村)選挙管理委員会印

備考
1　表示・表示の消除の欄には、それぞれの該当者について、次の事項を記載しなければならない。
　(1)　住所移転者については、その旨及び移転年月日並びに移転先の都道府県名
　(2)　選挙権及び被選挙権を停止された者については、その旨及び停止期間
2　法第27条第2項の規定により記載の修正又は訂正をしたときは、備考欄にその旨及び修正又は訂正の年月日を記載しなければならない。
3　抹消の欄には、それぞれの該当者について、法第28条の該当事項を記載しなければならない。
4　令第18条第2項の規定により選挙人名簿登録証明書を交付したとき又は令第59条の3第4項の規定により郵便等投票証明書を交付したとき若しくは令第59条の3の2第4項若しくは第5項の規定による記載をしたときは備考欄にその旨及び交付（記載）年月日を、令第59条の7第2項の規定により南極選挙人証を交付したときは備考欄にその旨、交付年月日及び有効期間を、同条第3項の規定により南極選挙人証の返付を受けたときは備考欄にその旨及び返付年月日を記載しなければならない。
5　選挙管理委員会の印は、刷込式にしても差し支えない。

解説　選挙人名簿とは、選挙人の氏名、住所、性別および生年月日などを記載して、選挙人を登録する公募をいう（公選19条・20条）。選挙権は国民固有の参政権の一つで、成年者には普通選挙権が保障され（憲15条）、公職選挙法では満20歳以上の日本国民に公職の選挙権を認めている（公選9条）。では、なぜ選挙権の行使（投票）に公の機関の作成する名簿が必要なのであろうか。他の法律関係の場合と同様に正当な権利の存在を証明（「公証」という）する必要があるからである。これにより大量の有権者の選挙権の有無に関する紛争を防止できることになると同時に、投票行為に関しても二重投票・詐偽投票を防止するなどその的確性が保障されることになるからで、1789年革命直後のフランスで始められたのが最初である。我が国は、一度登録すれば、死亡、転居等の手続のない限り効力を有するとするフランス等と同じ永久名簿制である（公選19条）。これに登録されていれば、選挙権を有するという推定を受け、公選法の適用される衆参両議院議員、地方公共団体の議会の議員・知事・市町村長の選挙に適用される。この名簿は市町村の選挙管理委員会が職権により作成・調整されるカード式の名簿で、投票区ごとに編成されている。被登録者の要件は、日本国民であること、年齢が満20歳以上であること、選挙権の欠格事由に該当しないこと、市町村の区域内に住所を有し転入届・住民票が作成された日より3月以上継続して住民基本台帳に記載されていることである。なお、上記「備考」中、法とは公職選挙法、令とは同法施行令のことである。

出典　法務省編「公職選挙法施行規則1条別記1号」『現行日本法規』（1憲法・国会編）ぎょうせい　（鶏徳）

▶資料4-3　最高裁判所裁判官国民審査・投票用紙

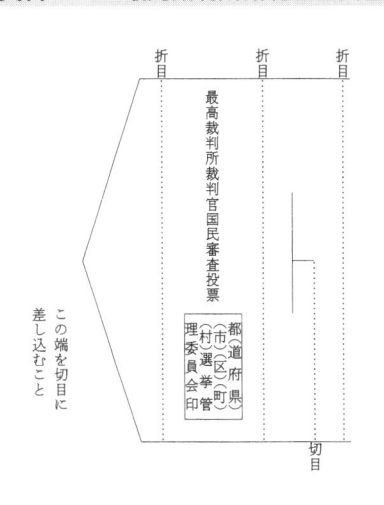

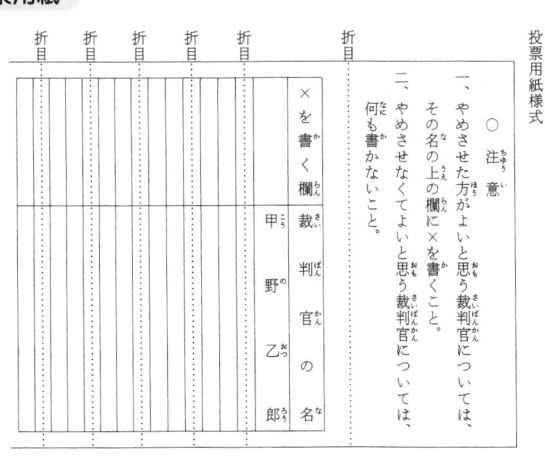

投票用紙様式

○　注意
一、やめさせた方がよいと思う裁判官については、その名の上の欄に×を書くこと。
二、やめさせなくてよいと思う裁判官については、何も書かないこと。

×を書く欄　｜　裁判官の名　甲野乙郎

最高裁判所裁判官国民審査投票
都道府県(市)(区)(町)(村)選挙管理委員会印

この端を切目に差し込むこと

25

備考

一 用紙は、折り畳んだ場合において、なるべく外部から×印を透視することのできない紙質のものを用いなければならない。

二 用紙は、単に折合せとし、差込式によらないでも差し支えない。

三 投票用紙におすべき都道府県の選挙管理委員会の印は、都道府県の選挙管理委員会の定めるところにより、市町村の選挙管理委員会の印をもってこれに代えても差し支えない。

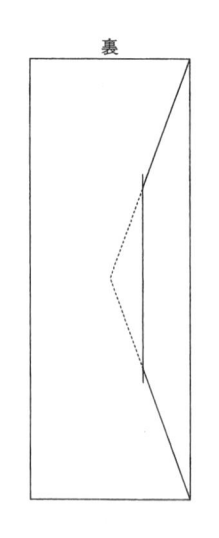

四 不正行為を防止するため、都道府県の選挙管理委員会は、その定めるところにより、投票用紙におすべき都道府県又は地方自治法第二百五十二条の十九第一項の市の選挙管理委員会の印を刷込式にしても差し支えない。

表
最高裁判所裁判官国民審査投票
都（道府県）
（市・区・町・村）選挙管理委員会印

裏

解説 最高裁判所裁判官の国民審査とは、裁判官の任命後その適格性を国民が審査するもの（憲79条）でリコールの性格を有する制度である。審査は衆議院議員の選挙権を有する者により衆議院議員小選挙区選挙の投票時に同時に投票用紙に罷免を可とする裁判官に×印をつけるが、罷免を可としない場合は何も記載しないで投票する。裁判官の氏名の記載順は、中央選挙管理会がくじできめる（最裁審査15条・14条）。

出典 法務省編「国民審査法14条別記様式」『現行日本法規』（1憲法・国会編）ぎょうせい　　　　　（鶏徳）

▶資料4-4　官報

1　平成19年11月16日　金曜日　官報　（号外第264号）　（2分冊の1）

明治三十五年三月三十一日第三種郵便物認可

官報
（号外）
独立行政法人国立印刷局

〔目次〕

〔法律〕
○被災者生活再建支援法の一部を改正する法律（一一四）………………………一

〔政令〕
○食品循環資源の再生利用等の促進に関する法律施行期日を定める政令（三三四）………………………………二
○食品循環資源の再生利用等の促進に関する法律施行令の一部を改正する政令（三三五）………………………二
○特定機器に係る適合性評価の欧州共同体及びシンガポール共和国との相互承認の実施に関する法律施行令の一部を改正する政令（三三六）………………三
○特定外来生物による生態系等に係る被害の防止に関する法律施行令の一部を改正する政令（三三七）………四
○道路運送車両法施行令の一部を改正する政令（三三八）………………………五

〔省令〕
○電波の利用状況の調査等に関する省令の一部を改正する省令（総務一三六）……………………………………一〇

○特定機器に係る適合性評価の欧州共同体及びシンガポール共和国との相互承認の実施に関する法律施行規則の一部を改正する省令（総務・経済産業三）…二
○特定機器に係る適合性評価の欧州共同体及びシンガポール共和国との相互承認の実施に関する法律第十四条第一項に規定する指定調査機関を指定する省令の一部を改正する省令（同四）……一二
○特定機器に係る適合性評価の欧州共同体及びシンガポール共和国との相互承認の実施に関する法律第三条第四項に規定する認定適合性評価機関を認定する省令を廃止する省令（同五）……………一四
○計量法施行規則の一部を改正する省令（同六）…………………………………一五
○特定機器に係る適合性評価の欧州共同体及びシンガポール共和国との相互承認の実施に関する法律第三十五条に基づく国際証明書等に関する省令の一部を改正する省令（経済産業七一）………………一六
○特定機器に係る適合性評価の欧州共同体及びシンガポール共和国との相互承認の実施に関する法律第十四条第一項に規定する指定調査機関を指定する省令の一部を改正する省令（同四）……一二

〔告示〕
○政治資金規正法の規定による政治団体の届出事項の異動による政治団体の公表する件（総務六三六）………一七
○学校教育法第六十九条の二第二項の規定に基づく認証評価機関の認証に関する件（文部科学一三四）…………二九
○学校教育法第六十九条の四第五項の規定に基づく認証評価機関の変更の届出に関する件（同一三五）…………三〇

解説 官報とは、法律、命令、告示その他国会事情・官庁事情等を記載した国の発行する機関紙（財務省で印刷される日刊紙）である。国民に重要なこれらの内容は、テレビ・ラジオ・新聞等により知らされるが、官報による公表はこれらの方法と異なり、法令の公表手段として認められていることにある。すなわち、官報が財務省印刷局を出て国民が最初に閲覧できる状態におかれた時点で、法律や命令が公布され、日本全国に適用されることとなる（最大判昭和33年10月15日刑集12巻14号3313頁）。　（鶏徳）

▶資料4-5 条　　例

○スパイクタイヤ対策条例

昭和60年12月25日
宮城県条例36号

（目的）
第1条　この条例は、スパイクタイヤの使用に伴う粉じんの発生の防止に関し、県、市町村、県民、事業者等の責務を明らかにするとともに、スパイクタイヤの使用を規制すること等により、生活環境を保全し、県民の健康の保護に資することを目的とする。

（定義）
第2条　この条例において「スパイクタイヤ」とは、それを装着した自動車の走行中に路面を摩耗するおそれのある金属ピンその他の物をその接地部に突出した状態で固定させたタイヤをいう。
2　この条例において「自動車」とは、道路運送車両法（昭和26年法律第185号）第2条第2項に規定する自動車をいう。

（県の責務）
第3条　県は、総合的かつ広域的な観点から、スパイクタイヤ粉じん（スパイクタイヤを装着した自動車の走行によって道路が摩耗されることにより発生する粉じんをいう。以下同じ。）の発生の防止に関する施策（以下「スパイクタイヤ対策」という。）を策定し、これを実施するものとする。
2　県は、市町村が策定するスパイクタイヤ対策の総合調整を行うとともに、その実施に関し、必要な指導をし、及び助言その他の援助に努めるものとする。

（市町村の責務）
第4条　市町村は、当該地域の自然的、社会的条件に応じたスパイクタイヤ対策を策定し、これを実施するとともに、県が実施するスパイクタイヤ対策に協力するものとする。

（県民等の責務）
第5条　県民等（県民及び県内において自動車を運転する者をいう。以下同じ。）は、県及び市町村が実施するスパイクタイヤ対策に協力しなければならない。

（事業者の責務）
第6条　事業者は、スパイクタイヤを装着した自動車を事業の用に供しないように努めるとともに、県及び市町村が実施するスパイクタイヤ対策に協力しなければならない。
2　タイヤの販売を業とする者は、スパイクタイヤの販売を自粛するように努めなければならない。

（国等への要請）
第7条　県は、この条例の目的を達成するため必要があると認めるときは、国、隣接する県その他関係団体又は関係機関に対し、必要な協力を要請するものとする。

（スパイクタイヤ対策基本計画）
第8条　知事は、スパイクタイヤ対策を推進するため、スパイクタイヤ対策基本計画（以下「基本計画」という。）を策定するものとする。
2　基本計画には、次の各号に掲げる事項を定めるものとする。
　一　スパイクタイヤ粉じんの発生の防止に関する県民等及び事業者の啓発及び意識の高揚に関する事項
　二　道路の除雪等道路環境の整備に関する事項
　三　積雪時又は凍結時における自動車の安全運転に関する事項
　四　スパイクタイヤ対策を推進するために必要な調査、測定等に関する事項
　五　その他スパイクタイヤ粉じんの発生の防止に関し必要な事項
3　知事は、基本計画を策定し、又は変更したときは、遅滞なく、これを公表しなければならない。

（スパイクタイヤ対策事業計画）
第10条　自動車（道路交通法（昭和35年法律第105号）第39条第1項の政令で定める自動車その他規則で定める自動車を除く。）を運転する者は、別表の上欄に掲げる地域ごとに、同表の中欄に掲げる期間には、それぞれ同表の下欄に掲げる基準に従わなければならない。
2　別表の上欄に掲げる地域の範囲は、自然的、社会的条件を考慮して規則で定める。

別表（第10条関係）

地域	期間	基準
1　スパイクタイヤ対策重点地域	4月1日から11月30日までの間	スパイクタイヤを使用しない。
	12月1日から翌年3月31日までの間	タイヤチェーンを装着する等路面の状況に応じた滑止めの方法を講ずることにより、スパイクタイヤを極力使用しない。
2　スパイクタイヤ対策推進地域	4月1日から11月30日までの間	スパイクタイヤを使用しない。
	12月1日から翌年3月31日までの間	路面の状況を考慮してスパイクタイヤが不必要な場合には使用しない。

解説　条例とは、地方公共団体が法律の範囲以内で制定する法規範をいい（憲94条）、その内容は法令に反しない限りにおいて地方公共団体の地域における事務および法律または政令により処理することとされる事務に関することである（地自14条・2条）。条例にはその違反者に対し2年以下の懲役もしくは禁錮、100万円以下の罰金、拘留、科料もしくは没収の刑、または5万円以下の過料の規定を設けることができる。条例は議会で制定されると議長より3日以内に知事・市町村長に送付され、その日から20日以内に知事・市町村長により公布され、施行日のないものは公布の日から10日を経過した日から施行される（地自16条）。ここに引用するのは雪国に特徴的なスパイクタイヤ対策条例であるが、罰則規定はない。

（鶏徳）

5 行　政　法

▶資料 5-1　行政機関組織図

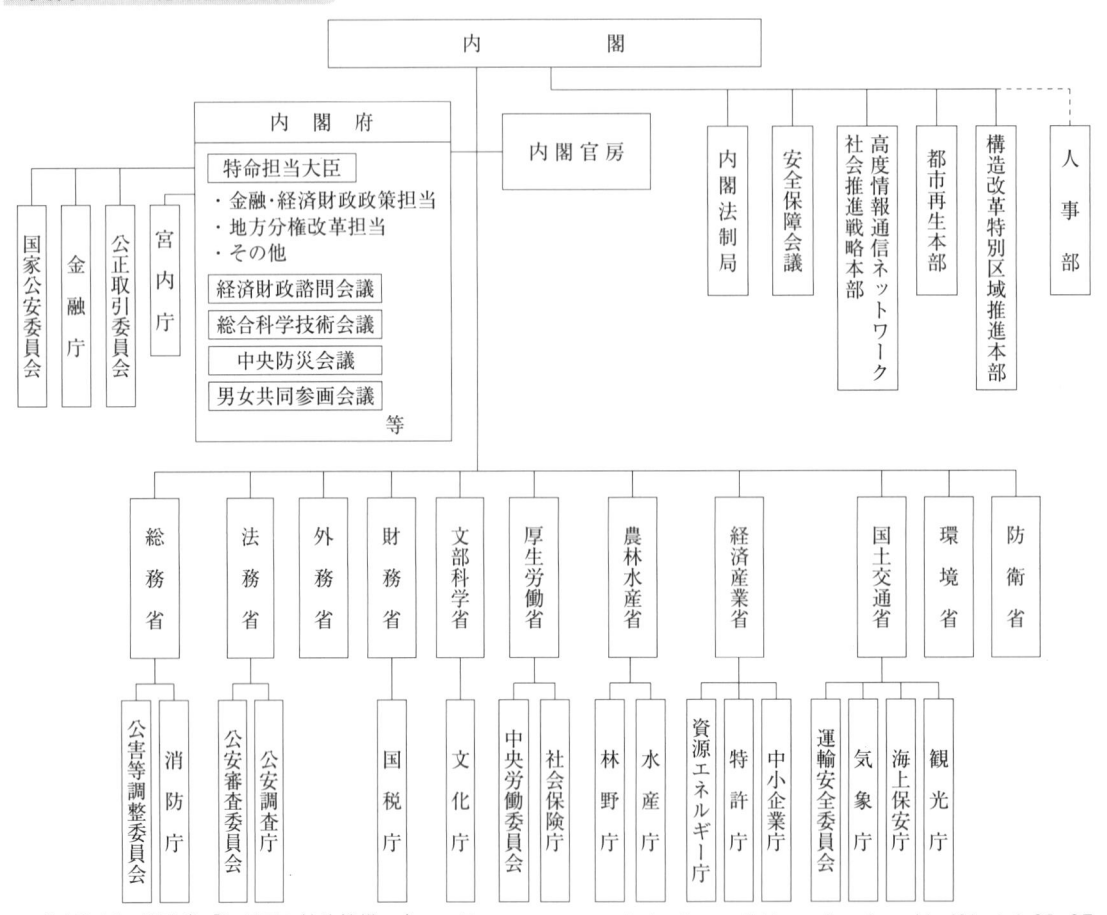

```
                              内　閣
    ┌──────────┬──────────┼──────────┬───────┬───────┬───────┬───────┬───────┐
  内閣府      内閣官房   内閣法制局  安全保障  高度情報  社会保障  都市再生  構造改革  人事部
                                    会議     通信ネット 推進戦略   本部     特別区域
                                             ワーク    本部              推進本部
```

- 特命担当大臣
  - 金融・経済財政政策担当
  - 地方分権改革担当
  - その他
- 経済財政諮問会議
- 総合科学技術会議
- 中央防災会議
- 男女共同参画会議　等

国家公安委員会／金融庁／公正取引委員会／宮内庁

総務省／法務省／外務省／財務省／文部科学省／厚生労働省／農林水産省／経済産業省／国土交通省／環境省／防衛省

公害等調整委員会／消防庁／公安審査委員会／公安調査庁／国税庁／文化庁／中央労働委員会／社会保険庁／林野庁／水産庁／資源エネルギー庁／特許庁／中小企業庁／運輸安全委員会／気象庁／海上保安庁／観光庁

参考資料：総務省「わが国の統治機構」〈http://www.soumu.go.jp/main_sosiki/gyoukan/kanri/pdf/satei_01_05_3.pdf〉

解説　肥大化、官僚化した官僚機構を民主的に統制することを目的とする行政改革の一環として、我が国の行政機関の機能および組織の再編統合が進められた。縦割り行政を排除するために、任務が重複する省庁を統廃合し、調整機能をもつ内閣府を新設した。中央省庁等改革基本法に基づいて、2001年（平成 13 年）1 月中央省庁の再編統合に伴う名称変更がなされた。

すなわち、それまでの、1 府 12 省から 1 府 10 省（現在は 11 省）に再編された。

中央省庁等改革基本法は、内閣機能の強化、国の行政機関の再編成並びに国の行政組織並びに事務及び事業の減量、効率化等の改革（以下、中央省庁等改革という）について、その基本的な理念及び方針その他の基本となる事項を定めるとともに、中央省庁等改革推進本部を設置すること等により、これを推進することを目的としている（1 条）。

また、中央省庁等改革に関する基本理念として、内外の社会経済情勢の変化を踏まえ、国が本来果たすべき役割を重点的に担い、かつ、有効に遂行するにふさわしく、国の行政組織並びに事務及び事業の運営を簡素かつ効率的なものとするとともに、その総合性、機動性及び透明性の向上を図り、これにより戦後の我が国の社会経済構造の転換を促し、もってより自由かつ公正な社会の形成に資することを基本として行われるものとしている（2 条）。

最近の行政組織の改編としては、防衛庁が、2007 年に省に移行している。また、消費者行政を一元化する消費者庁設置関連法案は 2009 年 4 月衆院本会議で可決され、これにより環境庁設置以来約 40 年振りに新しい行政機関が設置されることとなった。

（新田）

▶資料5-2　生活保護開始（変更）決定通知書

様式第11号（第4条関係）

保護に関する決定通知書

第　　　号
年　　月　　日

殿

○○○市社会福祉事務所長

　　年　　月　　日付けで申請された（通知した）生活保護法による保護については、次のとおり決定（変更）したので通知します。

記

1　決定の種類　　開始・変更・廃止・停止・申請却下
2　保護の種類及び程度

種類		月分から	月分	決　定　の　理　由
生活扶助				
住宅扶助				
教育扶助	基準額			
	その他			
介護扶助	移送			
	その他			
医療扶助	本人支払済分			
	通院交通費			
生業扶助				
出産扶助				
葬祭扶助				
期末一時扶助				
一時扶助				
合計				
介護扶助自己負担額				事業者名
医療扶助自己負担額				

3　廃止（停止）した保護の種類
4　保護の開始（変更、廃止、停止）の時期　　　年　月　日から
5　停止する期間　　年　月　日から　　年　月　日まで
6　保護費支給日及び支給場所
　(1)　毎月5日以降　　　　　　　　　　にて支給します。
　(2)　毎月5日までにあなたの口座に振込みます。
　(3)　前回に同じ
　(4)　今回に限り　　　年　月　日（ア　　　　　　にて支給します。イあなたの口座に振込みます。）
7　この決定通知書が申請受理後14日を経過した理由

　（注）　1　この決定に不服があるときは、この決定のあったことを知った日の翌日から起算して60日以内に、○○県知事に対し審査請求することができます。
　　　　　2　保護費を受け取るときは、この通知書と印鑑が必要ですから忘れないように持参してください。ただし、金融機関で受け取るときは、この通知書は必要ありません。

解説　憲法25条は、国民の生存権を保障し、社会保障制度の最後のセーフティーネット（安全網）として生活保護制度が用意されている。生活保護法は、国が生活に困窮するすべての国民に対し、その困窮の程度に応じ、必要な保護を行い、その最低限度の生活を保障するとともに、その自立を助長することを目的として制定されている。

　生活保護は申請に基づき開始されるが、申請は、本人以外の扶養義務者や同居の親族もできる。申請の際、生活保護申請書、収入申告書などの書類を提出しなければならない。書類の記載内容について、保護担当職員（ケースワーカー）が、生活に困っている状況などを確認するが、事実と違った申告をして不正に保護を受けた場合、支給された保護費の返還および処罰がなされる。なお、生活保護が却下された場合は、不服審査請求、取消訴訟による救済方法がある。

（新田）

▶資料5-3　建築確認申請書・通知書

解説　建物を建てるときは、工事をする前に、市町村の建築課に確認申請書を提出し、その設計が建築基準法などに適合しているかどうかについての確認を受けなければならない。また、自治体によっては、確認申請や工事着手前に、事前協議や届出の必要な場合がある。

建物が高さ10メートルを超える場合などは、標識設置の届出が必要となる。その後、建築確認申請を行い、確認済証交付後に、工事に着手可能となる。工事完了後、工事完了検査申請をして完了検査を受け、建物が確認申請図書通りであれば、検査済証が交付される。なお、建築確認は、国土交通大臣等の指定を受けた者（指定確認検査機関）に申請し、確認を受けることもできる。

（新田）

▶資料5-4　道路使用許可申請書・道路使用許可証

解説　道路は、本来、人や車が通行する目的で作られたものであり、交通は自由に認められている（道路の一般使用）。しかし、一般使用目的以外の道路の使用は、道路の効用を害し交通の妨害となり、危険があるため一般的に禁止されている。しかし、道路工事、作業、工作物の設置、露店等の出店、祭礼行事等の道路使用に対しては、現に交通の妨害となるおそれがないと認められる場合や、現に交通の妨害となるおそれがあるが、公益上または社会の慣習上やむを得ないと認められる場合においては、道路使用許可申請書を総合的に検討し、警察署長が許可をしている（道路の特別使用、許可使用）。

（新田）

▶資料5-5 国税不服審査請求書

解説 納税は国民の義務であり（憲30条）、期日まで納税がなされない場合は、国税滞納者に対して、督促、差押え、公売の各処分がなされる。なお、国税に関する法律に基づいて税務署長等が行った、更正・決定などの課税処分や差押えなどの滞納処分等に不服がある場合、処分の取消や変更を求める不服申立てが可能である。まず、税務署長等に異議申立てを行い、なお不服があるときは、国税不服審判所長に審査請求をなし、さらに不服があるときは、裁判所に訴えが提起できる。 （新田）

▶資料5-6 行政文書開示請求書

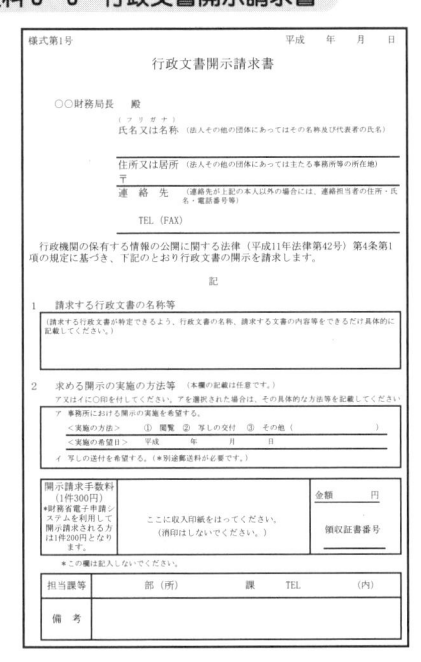

解説 情報公開とは、私人が行政機関の保有する情報の開示を求めることをいう。国に保有する行政情報については、情報公開法（1999年制定）により、何人も開示請求書を提出することにより、行政文書の開示を請求できることとなり、原則的に行政側が開示義務を負うこととなった。

例外的に行政事務の遂行において重要な外交や安全保障に関する情報やプライバシーに関する個人情報などは除外される。情報が開示されない場合は不服申立てを行うことができる。 （新田）

6 刑　　法

▶資料6-1　刑事事件の流れ

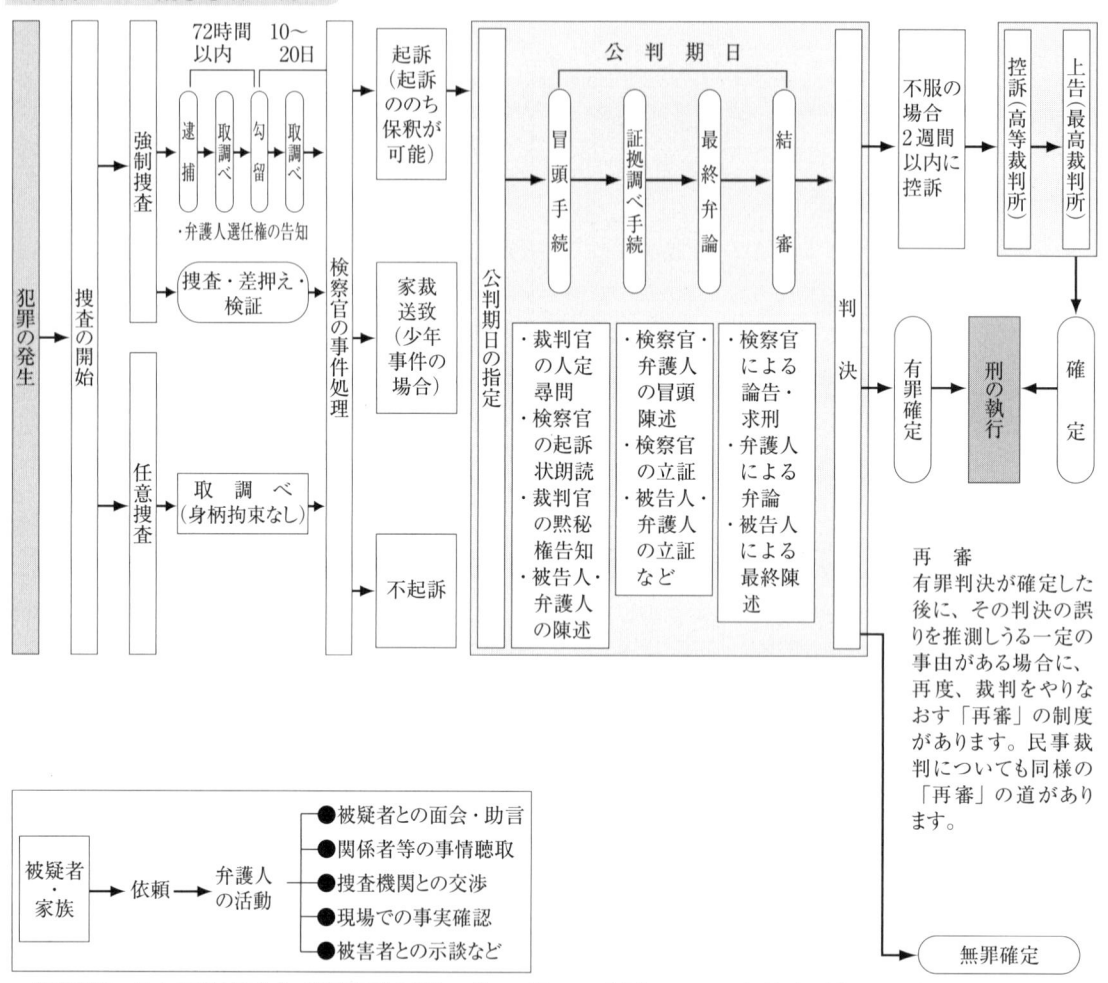

```
犯罪の発生 → 捜査の開始 → 強制捜査 → 逮捕(72時間以内) → 取調べ → 勾留(10～20日) → 取調べ → 起訴(起訴ののち保釈が可能) → 検察官の事件処理 → 公判期日の指定 → 公判期日【冒頭手続 → 証拠調べ手続 → 最終弁論 → 結審】→ 判決 → 不服の場合2週間以内に控訴 → 控訴(高等裁判所) → 上告(最高裁判所) → 確定 → 刑の執行
```

- 弁護人選任権の告知
- 捜査・差押え・検証
- 家裁送致(少年事件の場合)
- 任意捜査 → 取調べ(身柄拘束なし)
- 不起訴

冒頭手続
- 裁判官の人定尋問
- 検察官の起訴状朗読
- 裁判官の黙秘権告知
- 被告人・弁護人の陳述

証拠調べ手続
- 検察官・弁護人の冒頭陳述
- 検察官の立証
- 被告人・弁護人の立証など

最終弁論
- 検察官による論告・求刑
- 弁護人による弁論
- 被告人による最終陳述

判決 → 有罪確定 → 刑の執行
判決 → 無罪確定

再審
有罪判決が確定した後に、その判決の誤りを推測しうる一定の事由がある場合に、再度、裁判をやりなおす「再審」の制度があります。民事裁判についても同様の「再審」の道があります。

被疑者・家族 → 依頼 → 弁護人の活動
- 被疑者との面会・助言
- 関係者等の事情聴取
- 捜査機関との交渉
- 現場での事実確認
- 被害者との示談など

参考資料：日本弁護士連合会「刑事裁判の流れ」〈http://www.nichibenren.or.jp/ja/publication/booklet/data/himawari_pam03.pdf〉

解説　刑事事件を処理する手続は、捜査に始まる（捜査の端緒）。捜査機関は、110番通報、職務質問、被害者による告訴、第三者による告発などが契機となって捜査を開始する。証拠の収集がすすみ被疑者が逮捕されると、警察に留置されてから48時間以内に検察官に送致（送検）、さらに24時間以内に検察官による勾留請求が行われる。裁判官による勾留質問を経て勾留状が発せられると10日間の勾留。勾留はさらに10日間の延長が認められるため最長23日間身体を拘束できる。公訴が提起（起訴）されると被告人に対して保釈の権利が認められる。公判では冒頭手続（人定尋問、起訴状朗読、黙秘権の告知、罪状認否）が行われ、証拠調べ、さらに弁論手続とすすみ、判決の言渡しで第一審の手続が終了する。高等裁判所へ控訴を提起する期間は14日以内であり、控訴審は控訴趣意書で指摘された事項について、事後的に原判決に誤りがあるか否かを審査することが原則である（事後審）。第二審（控訴審）判決後、14日以内に最高裁判所に上告できるが、上告理由は、憲法違反および判例違反を原則とする。　（池田）

▶資料6-2　包括罪種別の認知・検挙状況の推移

区分	年次	平成10	11	12	13	14	15	16	17	18	19
刑法犯総数	認知件数（件）	2,033,546	2,165,626	2,443,470	2,735,612	2,853,739	2,790,136	2,562,767	2,269,293	2,050,850	1,908,836
	検挙件数（件）	772,282	731,284	576,771	542,115	592,359	648,319	667,620	649,503	640,657	605,358
	検挙人員（人）	324,263	315,355	309,649	325,292	347,558	379,602	389,027	386,955	384,250	365,577
凶悪犯	認知件数	8,253	9,087	10,567	11,967	12,567	13,658	13,064	11,360	10,124	9,051
	検挙件数	6,991	6,859	7,175	7,320	7,604	8,238	7,924	7,418	7,125	6,461
	検挙人員	6,949	7,217	7,488	7,490	7,726	8,362	7,519	7,047	6,459	5,923
粗暴犯	認知件数	41,751	43,822	64,418	72,801	76,573	78,759	76,616	73,772	76,303	72,908
	検挙件数	29,638	28,488	39,211	39,924	40,425	42,296	41,128	44,037	49,409	49,656
	検挙人員	39,755	37,874	50,419	50,428	49,615	49,530	46,801	49,156	54,505	54,163
窃盗犯	認知件数	1,789,049	1,910,393	2,131,164	2,340,511	2,377,488	2,235,844	1,981,574	1,725,072	1,534,528	1,429,956
	検挙件数	597,283	561,148	407,246	367,643	403,872	433,918	447,950	429,038	416,281	395,243
	検挙人員	181,326	172,147	162,610	168,919	180,725	191,403	195,151	194,119	187,654	180,446
知能犯	認知件数	59,271	53,528	55,184	53,007	62,751	74,754	99,258	97,500	84,271	75,999
	検挙件数	55,118	47,827	44,322	37,800	39,884	40,574	36,299	38,151	37,296	33,878
	検挙人員	11,286	10,562	11,341	11,539	13,173	13,653	14,850	15,053	15,760	15,264
風俗犯	認知件数	6,686	7,448	9,801	11,841	12,220	13,034	12,346	12,085	11,932	11,184
	検挙件数	5,899	5,438	5,809	6,066	5,633	6,165	6,070	6,422	6,752	6,462
	検挙人員	7,239	6,110	6,112	6,166	5,912	5,886	5,688	6,373	6,261	6,279
その他の刑法犯	認知件数	128,536	141,348	172,336	245,485	312,140	374,087	379,909	349,504	333,692	309,738
	検挙件数	77,353	81,524	73,008	83,362	94,941	117,128	128,249	124,437	123,794	113,658
	検挙人員	77,705	81,445	71,679	80,750	90,407	110,768	119,018	115,207	113,611	103,502

出典：警察庁編『警察白書平成18年版』および『同平成20年版』

解説　刑法犯の認知件数は、平成8年から14年にかけて、7年連続で戦後最多の記録を更新し続けた。その後、15年から減少に転じた。しかし、減少したとはいえ、120万件前後で推移していた昭和40年代の約2倍近くの水準にあることに変わりはない。

刑法犯の検挙件数は、5年以降70万件台で推移していたが、12年には大きく減少して50万件台に落ち込み、13年もさらに減少した。

刑法犯の検挙率は、昭和期にはおおむね60%前後の水準であったが、平成に入ってから急激に低下し、13年には19.8%と戦後最低を記録した。しかし、14年以降は持ち直している。

（池田）

▶資料6-3　起　訴　状

```
                                    平成○年検第○○号
                起　訴　状
                              平成○年○月○日
○○地方裁判所　殿
                        ○○地方検察庁
                        検察官　検事　○○○○　印
下記被告事件につき公訴を提起する。
                記
本　籍　東京都千代田区
住　居　東京都千代田区○町○番
職　業　会社員
        勾　留　中　　○○○○
                    昭和○年○月○日生
              公訴事実
　被告人は、平成○年○月○日午前零時ころ、東京都千代田区○町○番○号所在の○町ホームズ○○号室の自宅において、妻である○○花子（当時40歳）に対し、殺意をもって、果物ナイフでその右腹部を1回突き刺したが、花子がその場から逃げたため、加療約1か月を要する腹部刺創の障害を負わせたにとどまり、花子を殺害するに至らしめなかったものである。
罪名及び罰条
　殺人未遂　刑法第203条、199条
```

解説　公訴とは、検察官による国家刑罰権の発動を求める訴えをいう。公訴の提起は、裁判所に起訴状を提出することで、起訴状には被告人の氏名、公訴事実、罪名を記載しなければならない（刑訴256条）。裁判員制度の施行に先立ち、刑訴法が改正され（2005年11月）公判前整理手続が導入された。これは刑事裁判の充実と迅速化を図るもので、第一回公判前に裁判所が争点を整理し、公判において取り調べる証拠を決定する手続となります。この手続の参加者は、裁判長、検察官、弁護人で、裁判員による裁判では必ず行うことになっている（裁判員49条）。（池田）

▶資料6-4 死刑制度と裁判員制度

市民の司法参加と死刑

	市民の司法参加の制度	量刑への関与	死刑制度
アメリカ	陪審制	なし	36州で存置。14州で配置
イギリス	陪審制	なし	98年に完全廃止。死刑執行後に冤罪が判明したのが契機
ドイツ	参審制	あり	49年に西ドイツが廃止。ナチス・ドイツのホロコーストへの反省から
フランス	参審制	あり	81年に廃止。ミッテラン氏が死刑廃止を公約に大統領に当選
ロシア	陪審制	なし	停止。欧州議会加盟に際して96年、「凍結」を宣言
中国	なし	—	存置。05年には1770人以上を処刑したとされる
韓国	陪審制を08年に導入	あり	停止。元死刑囚の金大中氏が大統領に就任した98年以降、施行はゼロ
日本	裁判員制を09年に導入	あり	存置。90〜92年は施行ゼロ。93年以降は毎年施行

出典：アムネスティ・インターナショナル、日弁連などによる

この10年間の死刑確定者数等の推移

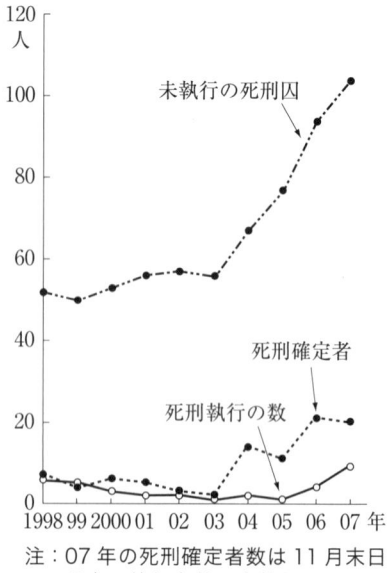

（グラフ：未執行の死刑囚、死刑確定者、死刑執行の数の1998〜07年推移）

注：07年の死刑確定者数は11月末日現在。執行者数、未執行の死刑囚の数は12月7日現在。

死刑存置論と廃止論の主な論点

	存置論	廃止論
誤判	誤判が起こり得るのは死刑についてだけではない。司法制度全体の問題だ	誤判の危険性が常にあり、死刑は処刑したら取り返しがつかない
世論	世論調査では「存置」が非常に多数。世論が支持している以上、死刑は必要だ	死刑を執行される側という少数者の人権の問題について、多数派の意見を重視するのは誤りだ
被害者	凶悪犯罪の犠牲となった被害者の遺族を納得させるためにも必要だ	犯人を殺すことが被害者にとって問題解決になるのかどうか、疑問だ
抑止力	凶悪犯罪を防ぐのに役に立っている。廃止すると凶悪犯罪が増える。	死刑に凶悪犯罪の抑止力があるとは実証されていない

出典：『朝日新聞』2007年12月20日朝刊、『読売新聞』2008年10月17日朝刊より作成

法相別の死刑執行人数

中村正三郎	（1998年 7月）	3人
陣内孝雄	（99年 3月）	3人
臼井日出男	（99年 10月）	2人
保岡興治	（2000年 7月）	3人
高村正彦	（00年 12月）	0人
森山真弓	（01年 4月）	5人
野沢太三	（03年 9月）	2人
南野知恵子	（04年 9月）	1人
杉浦正健	（05年 10月）	0人
長勢甚遠	（06年 9月）	10人
鳩山邦夫	（07年 8月）	13人
保岡興治	（08年 8月）	3人
森英介	（08年 9月）	—

注：法務省が施行と人数を公表以降
（ ）内は法相就任の年月。

解説 国連は、2007年12月18日の総会で死刑執行の停止を求める決議案を賛成多数で採決し、日本政府に対し死刑廃止の要請が行われた。裁判員制度（2009年5月21日より開始）による裁判では、被害者感情や国民感情が判決にどのような影響を及ぼすのか、また、死刑を選択した裁判員が判決後に精神的に苦しむ場合があり、心のケアが必要とされる。あらためて死刑の存在理由について考えることが必要である。 （池田）

7 民　　法

▶資料7-1　後見開始の審判

後見開始申立書

解説　民法上の制限行為能力者とされる者には、未成年者、成年被後見人、被保佐人、被補助人があるが、これらは従来の無能力者制度を改め、新たに「自己決定権」を重視し、各人の精神的障害の状況に応じた弾力的運用を図るものである。成年被後見人は、精神的障害により、事理を弁識する能力（判断力）を欠く常況にある者で、家庭裁判所から後見開始の審判を受けた者である。成年被後見人は、日用品の購入等日常生活に関する法律行為以外はすることができず、成年後見人が成年被後見人の代理人となる（民8条・9条）。なお、被保佐人は、精神上の障害により事理弁識能力が著しく不十分な者で、家庭裁判所により保佐開始の審判を受けた者である（民11条）。また、被補助人は、精神上の障害により事理弁識能力が不十分な者で、家庭裁判所により補助開始の審判を受けた者である（民15条）。なお、記入例については、以下のサイトを確認してほしい〈http://www.courts.go.jp/saiban/tetuzuki/syosiki/syosiki_01_01.html〉。

任意後見契約制度は、本人が、精神上の障害により事理弁識能力（判断力）が不十分な状況になった場合に備えて前もって本人が締結する委任契約である。「自己の生活、療養看護及び財産の管理に関する事務の全部または一部」を受任者に委託し、その事務を処理するための代理権を付与するものである（任意後見2条1号）。任意後見契約が実際に効力を生じるときには、本人の事理弁識能力は低下しているため、他の者が本人に代わり任意代理人を監督しなければならない。したがって、家庭裁判所が、代理人を監督するための任意監督人を選任する制度が設けられている。

(川端)

▶資料7-2 出生届

解説 民法は「私権の享有は、出生に始まる」（3条1項）とする。私権は私法上の権利のことであり、私見の享有は、民法上の権利の主体となること、すなわち権利能力をもつこととなる。したがって、自然人（民法上、わたしたち人間のことをいう）は、出生により、権利能力（権利を得たり義務を負ったりする能力）をもつこととなる。

（川端）

▶資料7-3 委任状

委任状の例

土地売却委任状

私は、○○○○に対し、下記事項を委任し、その代理権を付与する。

一　東京都千代田区三崎町○丁目○番○号
　1　地番　　3番
　2　地目　　宅地
　3　地積　　○○○平方メートル
を売却する件

二　上記に付帯する一切の件

平成○年○月○日
　　　　　　　　　委任者　○○○○　印

解説 代理には、本人の意思によらないで、法律の規定により代理権が付与される法定代理と、本人が代理人に代理権を付与することにより開始する任意代理がある。代理権を授与する契約は、多くは委任契約であるが、これに限定されるものではない。

任意代理によって代理権が授与されるときには、通例「委任状」を交付される。代理権の授与には、必ずしも委任状を要しないが、契約の相手方との関係で委任状があれば、代理権があることを証明するのが容易である。なお、委任状には、本人のみが署名捺印するもので、委任契約の証書ではない。

また、代理人欄や委任事項欄が欠けた、すなわち白紙になっている不完全な委任状は、白紙委任状といわれ、委任状を交付した相手方によって悪用されることがある。（川端）

▶資料7-4 失踪宣告制度

失踪宣告申立書

[申立書フォーム: 受付印、収入印紙、予納郵便切手、準口頭、関連事件番号、家庭裁判所、申立人署名押印、添付書類（申立人の戸籍謄本 各1通、不在者の戸籍謄本 各1通、不在の事実を証する書面 通）、申立人欄（本籍・住所・連絡先・フリガナ氏名・職業）、不在者欄（本籍・最後の住所・フリガナ氏名・職業・生死不明となった日・生死不明となった場所）]

[申立ての趣旨]
不在者に対し、失踪の宣告を求める。

申立ての実情
申立の理由：
※ 1 7年以上生死不明のため
2 戦地に臨み、戦争の終了した後、1年以上生死不明のため
3 乗った船が沈没し、その後、1年以上生死不明のため
4 死亡の原因となる危難が去った後、1年以上生死不明のため
5 その他
（その具体的事情の詳細）

失踪宣告の例

失踪宣告

平成○年（家）第1000号
　　　本籍　東京都千代田区三崎町○丁目○番○号
　　　最後の住所　東京都新宿区○○町○丁目○番○号
　　　不在者　○○　○○
　　　平成○年○月○日生

平成○年○月○日失踪宣告審判確定

東京地方裁判所裁判所書記官

解説　失踪宣告の手続により、従来の住所を中心とする私法上の法律関係は、死亡したのと同様の取り扱いがなされる。したがって、相続も開始するし、妻は夫が死亡したのと同様に再婚をすることができる。失踪宣告には、普通失踪と特別失踪がある。普通失踪は、生死不明の状態が7年続くと、失踪宣告の請求ができるとするものである。失踪宣告の審判の確定があれば、上に示したような記事が官報に記載され、7年の期間満了時に死亡したものとみなされる（民31条）。失踪宣告がなされると、従来の住所を中心とした私法上の法律関係が死亡したものとされるが、現実には死亡したわけではないため、宣告と同時に権利能力が剥奪されるものではない。特別失踪は、民法上での危難（戦争、船の沈没、航空機事故、冬山の遭難など）で死体確認ができなかったときに、適用となる。戦争や事故、その他危難が去った後、1年間生死不明の状態が続いたときに、家庭裁判所は利害関係人の請求により失踪宣告を行う（民30条2項）。宣告により、「危難が去ったとき」に死亡したものとみなされる。

（川端）

▶資料7-5 登記制度

<table>
<tr><td colspan="6" align="center">土 地 の 登 記 簿
（コンピュータシステムによる）登記事項証明書（土地の登記記録の例）</td></tr>
<tr><td colspan="6">東京都千代田区三崎町○丁目○-○</td></tr>
<tr><td colspan="3">【表題部】（土地の表示）</td><td colspan="2">調製　平成○年○月○日</td><td>地図番号 余白</td></tr>
<tr><td colspan="6">【不動産番号】0123456789</td></tr>
<tr><td>【所在】</td><td colspan="3">千代田区三崎町○丁目</td><td colspan="2">余白</td></tr>
<tr><td>【①地番】</td><td>【②地目】</td><td>【③地積】 m²</td><td colspan="2">【④原因及びその日付】</td><td>【⑤登記の日付】</td></tr>
<tr><td>○番○</td><td>宅地</td><td>46</td><td colspan="2">3番1から分筆</td><td>昭和○年○月○日</td></tr>
<tr><td>余白</td><td>余白</td><td>余白</td><td colspan="2">余白</td><td>昭和63年法務省令第17号附則第2条第2項の規定により移記
平成○年○月○日</td></tr>
<tr><td colspan="6">【所有者】</td></tr>
<tr><td colspan="6">【権利部（甲区）】（所有権に関する事項）</td></tr>
<tr><td>【順位番号】</td><td>【登記の目的】</td><td>【受付年月日・受付番号】</td><td colspan="2">【原　　因】</td><td>【権利者その他の事項】</td></tr>
<tr><td>1</td><td>所有権移転</td><td>昭和○年○月○日
第○○○号</td><td colspan="2">昭和○年○月○日
売買</td><td>所有者　東京都世田谷区世田谷○丁目○番○号
　　　　○○○○</td></tr>
<tr><td>2</td><td>所有権移転</td><td>昭和○年○月○日
第○○○号</td><td colspan="2">昭和○年○月○日
売買</td><td>順位2番の登記を移記
共有者　東京都杉並区杉並○丁目○番○号
持分7分の4　　　　○○○○
共有者　東京都杉並区原野○丁目○番○号
持分7分の3　　　　○○○○
順位3番の登記を移記</td></tr>
<tr><td colspan="6">【権利部（乙区）】（所有権以外に関する事項）</td></tr>
<tr><td>【順位番号】</td><td>【登記の目的】</td><td>【受付年月日・受付番号】</td><td colspan="2">【原　　因】</td><td>【権利者その他の事項】</td></tr>
<tr><td>1</td><td>抵当権設定</td><td>昭和○年○月○日
第○○○号</td><td colspan="2">昭和○年○月○日
金銭消費
貸借同日設定</td><td>債権額　　金5000万円　　利息　年9.5%
損害金　　年14%　年365日日割計算
債務者　　東京都杉並区杉並○丁目○番○号
　　　　　○○○○
抵当権者　世田谷区駒沢○丁目○番○号
　　　　　○○銀行（取扱店：新宿支店）
共同担保　目録（た）第○○号
順位1番の登記を移記</td></tr>
<tr><td colspan="6" align="right">下線のあるものは抹消事項であるものを示す。</td></tr>
</table>

解説　不動産の権利関係の公示は、不動産登記法の定める手続により、不動産登記簿により行われる。不動産登記簿には土地の登記簿と建物の登記簿があり、それぞれ一筆の土地（登記簿上の一つの単位の土地）、または一個の建物ごとに電磁的記録により記録される。この電磁的記録を登記簿という（不登2条5号）。登記記録は、表題部と権利部に区分して登記される（不登12条）。上記は土地の登記記録であるが、建物の登記記録の場合もほぼ同様である。

標題部には不動産の表示に関する事項（土地の所在、地番、地目、地積、建物の所在、家屋番号、種類、構造、床面積等）が記録される（不登34条・44条）。権利部には、所有者に関する事項（所有権移転等の年月日、原因、所有者氏名等「甲区」に記録される）、および、所有権以外の権利（抵当権、地上権等）に関する事項（たとえば、抵当権について、設定年月日、原因、債権額、利息、債務者、抵当権者等が「乙区」に記録される。）が記録される（不登12条・59条・83条・88条、不登規4条4項等）。

なお、登記される権利は、所有権、地上権、永小作権、地役権、先取特権、質権、抵当権、賃借権および採石権の9種類で、登記されるべき権利の変動は、これらの権利の得喪および変更、すなわち、保存、設定、移転、変更、処分の制限または消滅である（不登3条）。登記は、登記権利者（買主など、登記により直接に権利を受ける者）と登記義務者（売主など登記により不利益を受ける者）の共同申請をするのが原則である（不登60条）。

参考文献　幾代通著／徳本伸一補訂『不動産登記法〔第4版〕』有斐閣、1994年
鎌野邦樹『不動産の法律知識』日本経済新聞社、2005年
澤野順彦『改訂版　不動産法の理論と実務』商事法務、2006年
（川端）

▶資料7-6 債権譲渡通知

```
              債権譲渡通知書
                              年 月 日
○○市長 様

  甲  譲渡人 住所
         氏名           [実印]
  乙  譲受人 住所
         氏名           [実印]

   年 月 日付で承諾いただきました、譲渡人が○○市に対し
て有する下記工事請負代金債権について、   に譲渡しましたので、
譲渡人、譲受人連署の上通知します。
 下記工事請負代金について、今後は    の下記口座にお振込みく
ださい。
 なお、譲渡人は譲受人に当該工事における下請負人への支払状況及び
支払計画に関する書面を提出し、譲受人はこれを確認しました。
              記
譲渡債権の表示
 1 工事番号
 2 工事名
 3 工事場所
 4 契約日
 5 工 期    年 月 日～ 年 月 日
 6 (1)請負代金額 金    円 (ただし、変更契約により増減が
     生じた場合はその金額による。)
   (2)既受領額  金    円
   (3)債権譲渡額 金    円 ( 年 月 日現在見込額。ただ
     し、契約変更により増減が生じた場合はその金額による。)

振込口座
 金融機関名         本 (支) 店名
 預金の種別         口座番号
 (フリガナ)
 口座名義人
```

注：上記の書類は、ある市役所の工事請負代金債権の譲渡通知のひな型である。

```
債権譲渡登記又は質権設定登記(本人申請の場合)

            登 記 申 請 書       (法務局受付印欄)
 登記の目的   債権譲渡登記 (注1)
 添付書類    資格証明書印鑑証明書 (注2)
 登録免許税の額  7,500円
 債権の個数   150個
 登記の存続期間 平成22年9月14日
  上記のとおり申請します。
                  平成18年10月3日
 東京法務局御中
  申請人
   譲渡人  東京都中央区京橋一丁目1番1号
         第一産業株式会社
          代表取締役 第一 一郎  (印)
         (連絡先 03-5001-××××)
   譲受人  東京都台東区上野三丁目1番9号
         東京ファイナンス株式会社
          代表取締役 東京 二郎   (印)
         (連絡先 03-3001-××××)
```

【作成上の注意】
※申請書はA列4番の用紙とする。
(注1) 登記の目的として、「債権譲渡登記」と記載する。質権設定登記の場合は、「質権設定登記」と記載する。
(注2) 譲渡人又は質権設定者である法人の代表者の資格証明書及び印鑑証明書並びに譲受人又は質権者の住所証明書、譲受人又は質権者が法人である場合は、代表者の資格証明書（この資格証明書は、住所証明書を兼ねることができる。）（いずれも作成後3か月以内のものに限る。）。

注：上記の書類は、債権譲渡登記をするために、登記所に提出する申請書のひな型である（注記一部掲載）。全文は法務省のホームページからダウンロードすることができる。

出典：〈http://www.moj.go.jp/MINJI/minji13-1.pdf〉

解説 債権は、原則として譲渡することができる（民466条）。債権譲渡は、旧債権者（譲渡人）と新債権者（譲受人）の合意によってなされ、譲受人が新たな債権者となる。ただし、指名債権は、動産とはみなされず、債務者に対して債権の行使ができるのは、新債権者であることを対抗できる場合に限るとされる。この対抗要件として、譲渡人から債務者に対する通知か、債務者の承諾を必要としている（民467条）。多重譲渡され、複数の通知がきた場合は、確定日付のある通知が早く到達した方が優先する。この確定日付は公的な機関によって証明される日付のように信頼性のあるものに限る（民施5条）。近年、クレジットやローン契約をした経験のある客に、突然、「電報」や「電話」により、「債権譲渡されたので○○万円を支払え」という請求がなされるという詐欺事件が発生している。きちんとした書面による通知がなされなければ、支払う必要はない。

また、2000年（平成10年）にできた、「債権譲渡の対抗要件に関する民法の特例等に関する法律」は、法人に限って、大量の債権を譲渡するような場合、いちいち確定日付のある通知をしなくとも、債権譲渡登記をすることにより債務者以外の第三者に対する対抗要件を得ることができるとした。

近年法務省は各種の届出をインターネットを用いたオンライン申請システムを採用し始めた。ただし、このシステムを用いるためには必要な準備があるのでオンライン申請システムのご案内を参照すると良い。　　（和知）

▶資料7-7　内容証明郵便

電子内容証明サービスご利用のお客様へ

電子内容証明サービスは、システムの故障や処理能力を超えるご利用があった場合には、郵便物の作成に遅れが生じますので予めご了承ください。

処理状況については、会員専用ページの「ご利用状況」で、『内容証明処理中』⇒『封入封かん完了』⇒『発送済み』という段階別の状況を調べることができますのでご確認ください。

なお、配達状況は「書留追跡システム」でご確認いただけます。

ご利用の際、必ず動作環境のご確認をお願いします。
動作環境はこちらでご確認いただけます。

サービス概要

電子内容証明サービスとは現行の内容証明郵便を電子化し、インターネットを通じて24時間受付けを行うサービスです。お客様から送信された電子内容証明文書を支店の電子内容証明システムにて受付けます。その後、電子内容証明の証明文、日付印を文書内に挿入し、差出人宛て謄本、受取人宛て原本を自動印刷します。印刷時には文書が確実にプリントアウトされていることを再電子化してオリジナル電子文書とつき合わせることにより確認し、自動封入封かんを行い郵便物として発送します。

注：上記の文書は、日本郵便のホームページにある、e内容証明サービスのお知らせページの文章である。

通　知　書

　平成○○年○月○日付で、私は貴社の販売員○○○○氏を通じ、商品○○○○を代金○○万円で買う契約をしましたが、書面を持って契約を解除します。

　既に支払った頭金○万円を早急に返金してください。

平成○○年○月○日

東京都○○市○○町△丁目△番△号（契約者住所）
　　　　　　　　　　　　　　　　（契約者氏名）

東京都○○区○○1丁目1番1号（契約相所在地）
株式会社　××
代表取締役　○○　○○　殿（契約相手方）

注：上記の書類は契約解除の通知書を内容証明郵便で送る場合の例文である。（26字×20行の例）

金銭消費貸借（ローン）契約証書

平成　　年　　月　　日　　　　　　収入印紙

株式会社　○○銀行　御中

　　　　　住　所
　　　　　債務者　　　　　　　　　印

債務者は貴行から住宅等購入資金を借り入れるについて、次の各条項を承認のうえ、貴行と次のとおり金銭消費貸借契約を締結します。

第1条（借入要領）
債務者は貴行から次の要領により金銭を借用し、これを受領しました。
1．金　額
2．使　途　　マンション購入資金
3．弁済期限　平成　　年　　月　　日
4．弁済方法　借入金　　円は　年　月　日を第一回として以後　毎月　日に元利均等償還にて金　　円あて支払い期限残額支払いにより完済
5．利息　年　％（月利　％、半年利　％）日割計算の場合は年365日とします。
ただし金融情勢の変化、その他相当の事由があるときは、この割合を一般に行なわれる程度のものに変更されても異議はありません。
6．損害金　この契約証書による債務を履行しなかった場合は支払期日の翌日から完済に至るまで弁済すべき金額に対し年14％の割合の損害金を支払います、この場合の計算方法は年365日の日割計算とします。

第2条（借入金、利息、遅延損害金の振替支払）
①この契約に基づく借入金および利息は、貴行において前条の各支払日に債務者名義○○支店預金口座（口座番号No.　）から振替返済手続をとっていただくことにより支払います。

　　　　　　　　　　　　　　　　印鑑照合

預金口座届出印

注：上記の書類は、銀行と住宅資金借り入れのためのローン契約をする際の契約証書の例である。

解説　代金の支払いをせよと催告したり、契約を解除する場合や、クーリングオフをするに当たって、電話や口頭では、言った言わないの争いを生みやすい。したがって文書で通知することになる。このとき相手方に出した一般書留郵便物の文書の内容について郵便事業株式会社が証明するサービスを内容証明という。かつては、郵便事業は国営であったため、公的な証明であった。ほかに公的に証明する方法として、公正証書がある。公正証書を作成するのは、手間も時間も費用もかかってしまう。そこで、簡易的に相手方にどのような内容の文書を送付したかを正確に記録しておくシステムが内容証明郵便である。また、最近は内容証明郵便を電子化し、インターネットを通じて24時間受付を行う電子内容証明サービスも行われている。

内容証明郵便に用いるものは、市販の用紙でも、自作でもコピーでも構わない。ただし郵便の場合は、謄本の字数・行数につき（1行20字／1枚26行以内、横書きは1行13文字／1枚40行以内または1行26字／1枚20行以内）などの制限がある。

（和知）

▶資料 7-8 建設工事請負契約（約款）

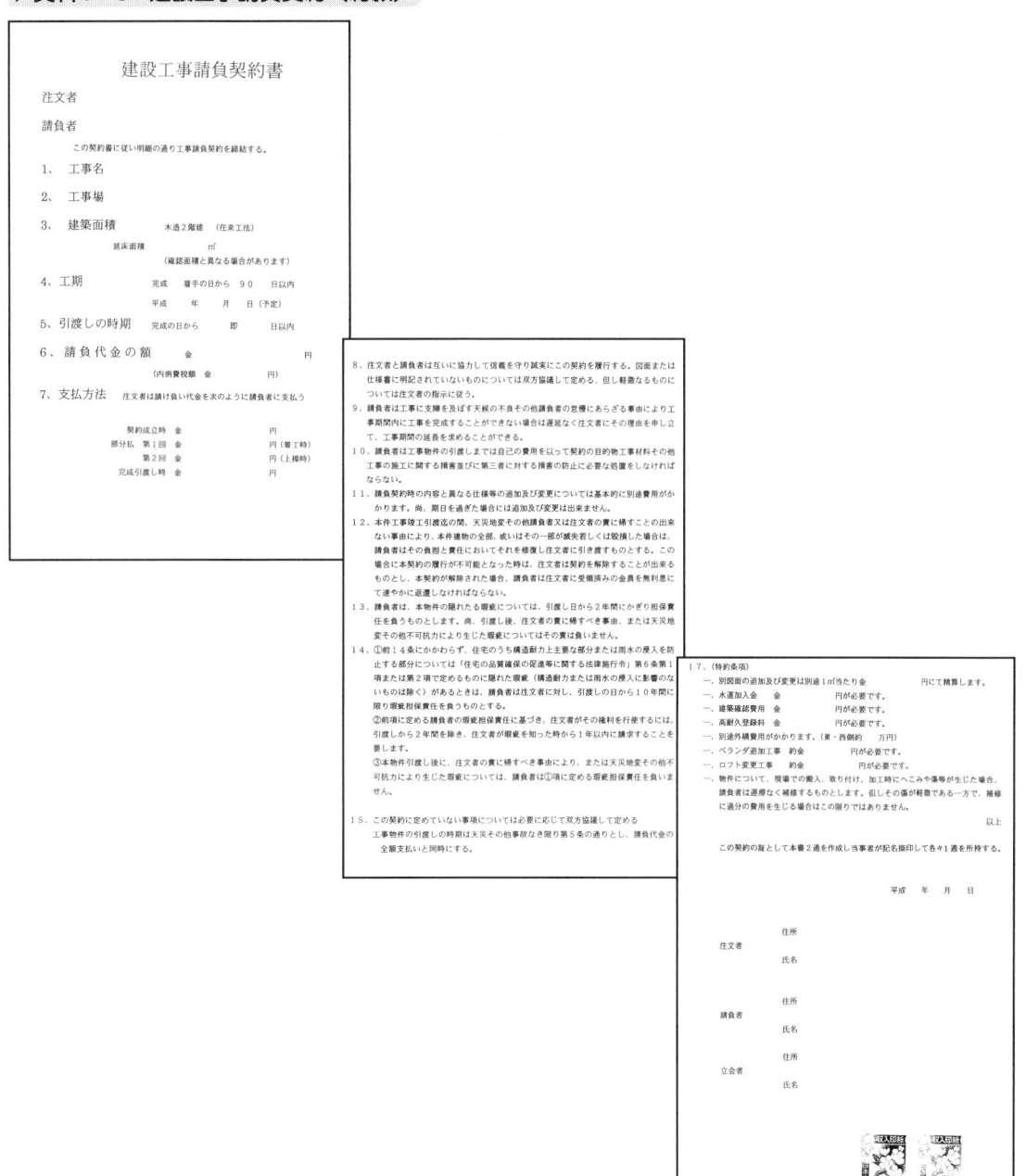

建設工事請負契約書

注文者
請負者

この契約書に従い明確の通り工事請負契約を締結する。

1. 工事名
2. 工事場
3. 建築面積　木造2階建（在来工法）
　　　　　　延床面積　　㎡
　　　　　　（確認面積と異なる場合があります）
4. 工期　完成　着手の日から 90 日以内
　　　　　平成　年　月　日（予定）
5. 引渡しの時期　完成の日から　即　日以内
6. 請負代金の額　金　　　　円
　　　　　　（内消費税額　金　　　円）
7. 支払方法　注文者は請け負い代金を次のように請負者に支払う
　　契約成立時　金　　　　円
　　部分払．第1回　金　　　円（着工時）
　　　　　　第2回　金　　　円（上棟時）
　　完成引渡し時　金　　　円

8. 注文者と請負者は互いに協力して信義を守り誠実にこの契約を履行する。図面または仕様書に明記されていないものについては双方協議して定める。但し軽微なるものについては注文者の指示に従う。
9. 請負者は工事に支障を及ぼす天候の不良その他請負者の懸慮にあらざる事由により工事期間内に工事を完成することができない場合は遅滞なく注文者にその理由を申し立て、工事期間の延長を求めることができる。
10. 請負者は工事物件の引渡しまでは自己の費用を以って契約の目的物工事材料その他工事の施工に関する損害並びに第三者に対する損害の防止に必要な処置をしなければならない。
11. 請負契約時の内容と異なる仕様等の追加及び変更については基本的に別途費用がかかります。尚、期日を過ぎた場合には追加及び変更は出来ません。
12. 本件工事竣工引渡迄の間、天災地変その他請負者又は注文者の責に帰すことの出来ない事由により、本件建物の全部、或いはその一部が滅失若しくは毀損した場合は、請負者はその負担と責任においてそれを修復し注文者に引き渡すものとする。この場合に本契約の履行が不可能となった時は、注文者は契約を解除することが出来るものとし、本契約が解除された場合、請負者は注文者に受領済みの金員を無利息に速やかに返還しなければならない。
13. 請負者は、本物件の隠れたる瑕疵については、引渡し日から2年間にかぎり担保責任を負うものとします。尚、引渡し後、注文者の責に帰すべき事由、または天災地変その他不可抗力により生じた瑕疵についてはその責は負いません。
14. ①前14条にかかわらず、住宅のうち構造耐力上主要な部分または雨水の浸入を防止する部分については「住宅の品質確保の促進等に関する法律施行令」第6条第1項または第2項で定めるものに隠れた瑕疵（構造耐力または雨水の浸入に影響のないものは除く）があるときは、請負者は注文者に対し、引渡しの日から10年間に限り瑕疵担保責任を負うものとする。
②前項に定める請負者の瑕疵担保保責任に基づき、注文者がその権利を行使するには、引渡しから2年間を除き、注文者が瑕疵を知った時から1年以内に請求することを要します。
③本物件引渡し後に、注文者の責に帰すべき事由により、または天災地変その他不可抗力により生じた瑕疵については、請負者は①項に定める瑕疵担保責任を負いません。
15. この契約に定めていない事項については必要に応じて双方協議して定める
工事物件の引渡しの時期は天災その他の事故なき限り第5条の通りとし、請負代金の全額支払いと同時にする。

17.（特約条項）
一、別図面の追加及び変更は別途1㎡当たり金　　　円にて精算します。
一、水道加入金　金　　　円が必要です。
一、建築確認費用　金　　　円が必要です。
一、高耐久登録料　金　　　円が必要です。
一、別途外構費用がかかります。（東・西側約　　万円）
一、ベランダ追加工事　約金　　　円が必要です。
一、ロフト変更工事　約金　　　円が必要です。
一、物件について、現場での搬入、取り付け、加工時にへこみや傷等が生じた場合、請負者は遅滞なく補修するものとします。但しその傷が軽微である一方で、補修に過分の費用を生じる場合はこの限りではありません。
以上

この契約の証として本書2通を作成し当事者が記名捺印して各々1通を所持する。

平成　年　月　日

注文者　住所
　　　　氏名

請負者　住所
　　　　氏名

立会者　住所
　　　　氏名

注：上記契約書は、実際に用いられた、民間建設会社と一般市民の建物建設工事の請負契約書である。

解説　約款とは、契約内容についてあらかじめ定型的に定めた契約条項である。企業などが、多数の客を相手に、同一内容の契約を行うに際し、その都度契約書を作成しているのは、時間的にも非効率的である。そこで、契約書のひな形を作成しておき、名前と日付程度を記載すれば、比較的簡単に契約書を作成することができる。保険契約や、建設請負契約、旅行契約、携帯電話契約など、多くの契約において用いられている。特に、公共的な事業については契約の内容が適正であることが要求されるので、監督官庁の指導のもと前もってひな形が公的な機関によって認定されている。これらは、標準約款と呼ばれる。　　（和知）

▶資料7-9 婚姻届

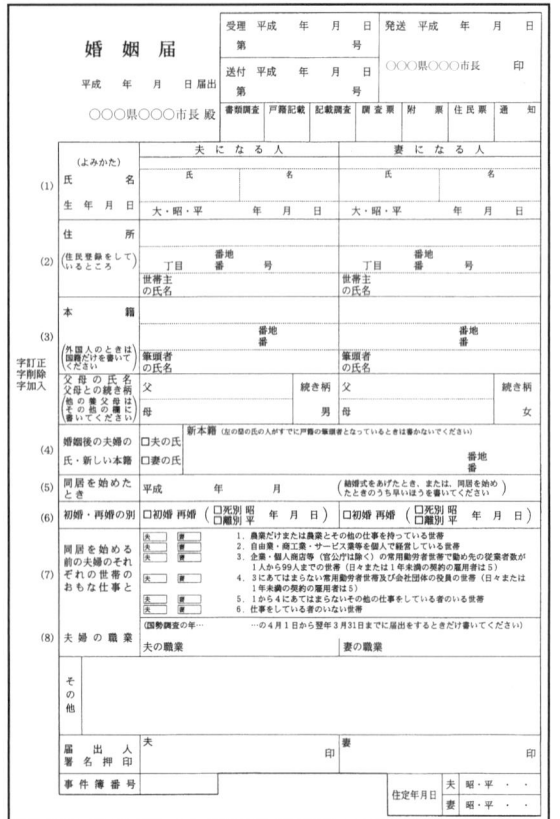

解説 夫婦関係は、婚姻によって成立する。しかしながら、その夫婦が法律上正当な夫婦として認められるには、婚姻の実質的な要件と形式的な要件が満たされることが必要である。婚姻届は、その形式的な要件である（民739条）。

婚姻の届出は、当事者の双方および成年の証人の2人以上が口頭または署名した書面で行われなければならない（民739条2項）。一般には、当事者が「婚姻届書」に必要事項を記入して届け出ることになる。もっとも届け出るのは本人でなくてよいし、郵送でもよい（戸47条）。そして、婚姻届には次の事項が記載されなければならない。①当事者が外国人である場合には、その国籍、②当事者の父母の氏名と続柄、並びに当事者が特別養子以外の養子であるときは養親の氏名、③初婚、再婚の別、初婚でないときは直前の婚姻の解消の別とその年月日、④同居をはじめた年月、⑤同居をはじめる前の当事者の世帯の主な仕事および当事者の職業、⑥当事者の世帯主の氏名、それに未成年者の婚姻についての父母の同意を得られないときは、その事由。

婚姻届が受理されると、夫の氏を名のる場合は夫が、妻の氏を名のる場合は妻が戸籍の筆頭者となって夫婦の新戸籍がつくられる。新たに第三の名を称することはできない。また夫婦の新本籍地は、従来の本籍地や住所に関係なく自由に定めることができる。

(金光)

▶資料7-10 認 知 届

解説 婚姻外で生まれてくる子を非嫡出子という。

嫡出子には、嫡出推定制度があり自動的に父母が推定されるが、非嫡出子には、そのような制度は存在しない。そのため、非嫡出子は母の氏（姓）を称し、母の戸籍に入る。その子を父親が自分の子であると認めることを「認知」という。認知は戸籍法に定められた方法により届け出ることによって行われる。

認知届には、任意認知か遺言認知かの別を明らかにし、届出の一般記載事項のなか（戸29条以下）、母の氏名と本籍を記載しなければならない（戸60条1項）

死亡した子を認知する場合には死亡の年月日とその直系卑属の氏名、出生の年月日、本籍を記載する。また胎児を認知するときは、胎児である旨および母の氏名、本籍を記載する。

認知届が受理されると、この戸籍だけでなく父の戸籍にも認知届のあったことが記載される（戸13条、戸施規35条2号）。

（金光）

8 商　　法

▶資料8-1　会社定款

小規模会社（非公開、取締役1名、監査役・会計参与非設置の場合）の例

定　款

第1章 総　則
（商号）第1条　当会社は、○○株式会社と称し、英文では○○ Co., Ltd. と表示する。
（目的）第2条　当会社は、次の事業を行うことを目的とする。
　1　○○の製造及び販売
　2　○○の輸入及び販売
　3　前各号に附帯又は関連する一切の事業
（本店の所在地）第3条　当会社は、本店を東京都○○○区に置く。
（公告方法）第4条　当会社の公告は、官報に掲載する方法により行う。

第2章 株　式
（発行可能株式総数）第5条　当会社が発行することができる株式の総数は、100株とする。
（株券の不発行）第6条　当会社の株式については、株券を発行しない。
（株式の譲渡制限）第7条　当会社の発行する株式を譲渡によって取得するには、取締役の承認を要する。ただし、当会社の株主に譲渡する場合は承認したものとみなす。
（相続人等に対する株式の売渡請求）第8条　当会社は、相続その他の一般承継により当会社の株式を取得した者に対し、当該株式を当会社に売り渡すことを請求することができる。
（株主名簿記載事項の記載又は記録の請求）第9条　株式取得者が株主名簿記載事項を株主名簿に記載又は記録することを請求するには、当会社所定の書式による請求書に、その取得した株式の株主として株主名簿に記載若しくは記録された者又はその相続人その他の一般承継人及び株式取得者が署名又は記名押印し、共同でしなければならない。ただし、次の場合は、株式取得者が単独で請求することができる。
　①　株式取得者が、取得した株式の株主として株主名簿に記載又は記録された者又はその相続人その他の一般承継人に対し、株主名簿記載事項を当会社に記載又は記録すべきことを命じた確定判決を提供して請求するとき
　②　株式取得者が上記①の確定判決と同一の効力を有するものの内容を証する書面その他の資料を提供して請求するとき
　③　株式取得者が、その取得した株式の株主として株主名簿に記載又は記録された者の相続人その他の一般承継人であって、これを証する書面を提供して請求するとき
　④　その他、会社法施行規則第22条第1項各号に定めるとき
（質権の登録及び信託財産の表示）第10条　当会社の株式について質権の登録又は信託財産の表示を請求するには、当会社所定の書式による請求書に当事者が署名又は記名押印し、共同でしなければならない。その登録又は表示の抹消についても同様とする。
（手数料）第11条　前2条に定める請求をする場合には、当会社所定の手数料を支払わなければならない。
（基準日）第12条　当会社は、毎年3月末日の最終の株主名簿に記載又は記録された議決権を有する株主をもって、その事業年度に関する定時株主総会において権利を行使することのできる株主とする。
　2　前項のほか、株主又は登録株式質権者として権利を行使することができる者を確定するために必要があるときは、臨時に基準日を定めることができる。ただし、この場合には、その日を2週間前までに公告するものとする。

第3章 株主総会
（招集及び招集権者）第13条　当会社の定時株主総会は、毎事業年度終了後3か月以内に招集し、臨時株主総会は、随時必要に応じて招集する。
　2　株主総会は、法令に別段の定めがある場合を除くほか、取締役が招集する。
　3　株主総会を招集するには、会日より3日前までに、議決権を有する各株主に対して招集通知を発するものとする。ただし、議決権を行使できる株主全員の同意があるときはこの限りではない。
　4　前項の招集通知は、書面ですることを要しない。
（議長）第14条　株主総会の議長は、取締役がこれに当たる。
　2　取締役に事故若しくは支障があるときは、当該株主総会で議長を選出する。
（決議の方法）第15条　株主総会の決議は、法令又は定款に別段の定めがある場合を除き、出席した議決権を行使することができる株主の議決権の過半数をもって行う。
（総会議事録）第16条　株主総会における議事の経過の要領及びその結果並びにその他法令に定める事項は、議事録に記載又は記録し、議長及び出席した取締役がこれに署名若しくは記名押印又は電子署名をし、10年間本店に備え置く。

第4章 取締役
（取締役の員数）第17条　当会社は、取締役1名を置く。
（取締役の選任）第18条　当会社の取締役は、株主総会において、議決権を行使することができる株主の議決権の3分の1以上を有する株主が出席し、その議決権の過半数の決議によって選任する。
（取締役の任期）第19条　取締役の任期は、選任後5年以内に終了する最終の事業年度に関する定時株主総会の終結時までとする。
（取締役に対する報酬等）第20条　取締役に対する報酬、賞与その他の職務執行の対価として当会社から受け取る財産上の利益は、株主総会の決議により定める。

第5章 計　算
（事業年度）第21条　当会社の事業年度は、毎年4月1日から翌年3月末日までの年1期とする。
（剰余金の配当）第22条　剰余金の配当は、毎事業年度末日の最終の株主名簿に記載又は記録された株主及び登録株式質権者に対して支払う。
（配当金の除斥期間）第23条　剰余金の配当が、支払いの提供をした日から3年を経過しても受領されないときは、当会社は、その支払義務を免れるものとする。

第6章 附　則
（設立の際に発行する株式の数）第24条　当会社の設立時発行株式の数は50株、その発行価額は1株につき金1万円とする。
（設立に際して出資される財産の価額又は最低額）第25条　当会社の設立に際して出資される財産の価額は金50万円とする。
（最初の事業年度）第26条　当会社の最初の事業年度は、当会社成立の日から平成○○年3月末日までとする。
（設立時取締役）第27条　当会社の設立時取締役は、次のとおりとする。
　　設立時取締役　　○○
（発起人の氏名、住所、割当を受ける株式数及びその払込金額）第28条　発起人の氏名、住所、発起人が割当てを受ける株式数及びその払込金額は、次のとおりである。
　東京都○○○区○○町○丁目○番○号
　　○○○○　　50株　　金50万円
（法令の準拠）第29条　この定款に規定のない事項は、すべて会社法その他の法令に従う。

以上、○○株式会社を設立するため、この定款を作成し、発起人が次に記名押印する。

平成○○年○月○日
発起人　○○○○　印

解説　定款とは、会社の目的や組織、業務などについて定めた会社の自治法規である。会社を設立するには、発起人がまずこれを作成し、公証人の認証を受けるものとされている（会社26条・30条）。定款は、会社の本支店に備え置かれるほか（会社31条1項）、会社設立登記の添付書類として法務局に提出される（会社911条1項、商登47条2項1号）。定款は会社が守るべき根本規則であって、その変更には原則として厳格な手続が要求される（会社466条・309条2項11号）。

定款の内容は個々の会社によって異なるが、基本的に記載しなければならない事項、絶対的記載事項は法定されている（会社27条）。①目的、②商号、③本店の所在地、④設立に際して出資される財産の価額またはその最低額、⑤発起人の氏名又は名称及び住所、がこれにあたる。会社法は、定款自治を広く認めたので、この他にも様々な規定を置くことが可能である（会社29条）。
(松嶋)

▶資料8-2　公開買付開始公告

公開買付開始公告についてのお知らせ

平成○年○月○日

各　位

東京都千代田区○○町○丁目○番○号
○○○株式会社
代表取締役社長　○○　○○

当社は、平成○年○月○日開催の取締役会において、金融商品取引法による公開買付けを行うことを、下記のとおり決議しました。

記

1. 対象者の名称　　　　　　　　○△□株式会社
2. 買付け等を行う株券等の種類　普通株式
3. 買付け等の期間　　　　　　　平成○年○月○日（○曜日）から
　　　　　　　　　　　　　　　　平成○年○月○日（○曜日）まで
4. 買付け等の価格　　　　　　　1株につき金500円
5. 買付け予定の株券等の数　　　45,000,000株
6. 買付け等の決済をする
　　金融商品取引業者の名称　　××証券株式会社
なお、公告の内容が掲載される電子公告アドレスは次のとおりです。
　　　http://info.edinet-fsa.go.jp/

以上

解説　業務提携、企業買収といった目的で、短期間で特定企業の株式を大量に取引する場合には、株式公開買付け（TOB）の制度によることが義務付けられる（金融商取27条の2以下）。取引所市場外での相対取引では、投資家の平等な取扱いや公正性が害される危険があるからである。

公開買付けは、第一義的には、投資家に対し買付けに応ずべきか否かの投資判断に必要な情報を提供する制度であるが、買付者にとっても、買付価格が一定であることから、大量の買い注文によって株価の急上昇を招き、結果買収コストが高額になることを避けられるという意味もある。

公開買付者は、「公開買付開始公告」として、公開買付けの開始前に、公開買付者の氏名・名称・住所・所在地、公開買付けにより株券等の買付け等を行う旨、買付けの目的・価格・買付予定株券等の数、買付期間、買付後における公開買付者の株券等所有割合、対象会社等を公告する。その上で、公開買付者は、公開買付開始公告を行った日に、公開買付届出書を内閣総理大臣に提出する。これをもって公開買付けが開始される。さらに、公開買付届出書を提出した後、直ちにその写しを、公開買付けに係る株券等の発行者、およびその株券等が上場されている金融商品取引所（証券取引所）、または登録されている許可金融商品取引業協会（証券業協会）に送付する。
(松嶋)

▶資料8-3　有価証券届出書・有価証券報告書

有価証券報告書

事業年度　自　平成○年○月○日
（第○期）　至　平成○年○月○日

○○株式会社
東京都千代田区○○町○丁目○番○号

目　次

表紙
第一部　企業情報
　第1　企業の概況
　　1．主要な経営指標等の推移
　　2．沿革
　　3．事業の内容
　　4．関係会社の状況
　　5．従業員の状況
　第2　事業の状況
　　1．業績等の概要
　　2．生産及び販売の状況
　　3．対処すべき課題
　　4．事業等のリスク
　　5．経営上の重要な契約等
　　6．研究開発活動
　　7．財政状態及び経営成績の分析
　第3　設備の状況
　　1．設備投資等の概要
　　2．主要な設備の状況
　　3．設備の新設、除却等の計画
　第4　提出会社の状況
　　1．株式等の状況
　　　(1)　株式の総数等
　　　(2)　新株予約権等の状況
　　　(3)　発行済株式総数、資本金等の推移
　　　(4)　所有者別状況
　　　(5)　大株主の状況
　　　(6)　議決権の状況
　　　(7)　ストックオプション制度の内容
　　2．自己株式の取得等の状況
　　3．配当政策
　　4．株価の推移
　　5．役員の状況
　　6．コーポレート・ガバナンスの状況
　第5　経理の状況
　　1．連結財務諸表等
　　　(1)　連結財務諸表
　　　(2)　その他
　　2．財務諸表等
　　　(1)　財務諸表
　　　(2)　主な資産及び負債の内容
　　　(3)　その他
　第6　提出会社の株式事務の概要
　第7　提出会社の参考情報
　　1．提出会社の親会社等の情報
　　2．その他の参考情報
第二部　提出会社の保証会社等の情報
[監査報告書]

解説　企業の資金調達手段である有価証券の発行市場および流通市場において、投資家が適正な判断を行えるよう、金融商品取引法は各種のディスクロージャー制度を設けている。

発行市場では、金融庁（財務省）に提出される有価証券届出書を通じて、発行者の事業内容、財務内容等が間接開示され、あわせて目論見書が投資家に交付される（金融商取5条・13条・25条）。流通市場では、金融庁（財務省）に提出される有価証券報告書、内部統制報告書、四半期報告書、臨時報告書および自己株券買付状況報告書を通じて、企業の財務内容等が定期的または臨時的に間接開示される（金融商取24条・24条の4・24条の4の7・24条の5・24条の6・25条）。

従来、有価証券報告書等は、原則として受理された日から5年間、財務局および証券取引所において公衆の縦覧に供されていたが、金融庁の電子開示・提出システム（EDINET）の稼動により、投資家はこれに加えてインターネットを通じて情報を入手できるようになっている。

（松嶋）

▶資料8-4　運送約款

標準貨物自動車運送約款

（平成2年11月22日運輸省告示575号、一部改正平成15年3月3日国土交通省告示170号、平成15年4月1日から施行）

第1章　総則
（事業の種類）
第1条　当店は、一般貨物自動車運送事業を行います。
2　当店は、前項の事業に附帯する事業を行います。
3　当店は、特別積合せ貨物運送を行います。
4　当店は、貨物自動車利用運送を行います。
（適用の範囲）
第2条　当店の経営する一般貨物自動車運送事業に関する運送契約は、この運送約款の定めるところにより、この運送約款に定めのない事項については、法令又は、一般の慣習によります。
2　当店は、前項の規定にかかわらず、法令に反しない範囲で、特約の申込みに応じることがあります。

第2章　運送業務
第1節　通則
（受付日時）
第3条　当店は、受付日時を定め、店頭に掲示します。
2　前項の受付日時を変更する場合には、あらかじめ店頭に掲示します。
（運送の順序）
第4条　当店は、運送の申込みを受けた順序により、貨物の運送を行います。ただし、腐敗又は変質しやすい貨物を運送する場合その他正当な事由がある場合は、この限りでありません。
（引渡期間）
第5条　当店の引渡期間は、次の日数を合算した期間とします。
(1)　発送期間　貨物を受け取った日を含め2日。
(2)　輸送期間　運賃及び料金の計算の基礎となる輸送距離170キロメートルにつき1日。ただし、1日未満の端数は1日とします。
(3)　集配期間　集荷及び配達をする場合にあっては各1日。
2　前項の規定による引渡期間の満了後、貨物の引渡しがあったときは、これをもって延着とします。

第2節　引受け
（貨物の種類及び性質の確認）
第6条　当店は、貨物の運送の申込みがあったときは、その貨物の種類及び性質を明告することを申込者に求めることがあります。
2　当店は、前項の場合において、貨物の種類及び性質につき申込者が告げたことに疑いがあるときは、申込者の同意を得て、その立会いの上で、これを点検することがあります。
3　当店は、前項の規定により点検をした場合において、貨物の種類及び性質が申込者の明告したところと異ならないときは、これにより生じた損害の賠償をします。
4　当店が、第2項の規定により点検をした場合において、貨物の種類及び性質が申込者の明告したところと異なるときは、申込者に点検に要した費用を負担していただきます。
（引受拒絶）

第7条　当店は、次の各号の1に該当する場合には、運送の引受けを拒絶することがあります。
　(1)　当該運送の申込みが、この運送約款によらないものであるとき。
　(2)　申込者が、前条第1項の規定による明告をせず、又は同条第2項の規定による点検の同意を与えないとき。
　(3)　当該運送に適する設備がないとき。
　(4)　当該運送に関し、申込者から特別の負担を求められたとき。
　(5)　当該運送が、法令の規定又は公の秩序若しくは善良の風俗に反するものであるとき。
　(6)　天災その他やむを得ない事由があるとき。
（運送状等）
第8条　荷送人は、当店の請求があったときは、次の事項を記載した運送状を署名又は記名捺印の上、一口ごとに提出しなければなりません。
　(1)　貨物の品名、品質及び重量又は容積並びにその荷造りの種類及び個数
　(2)　集荷先及び配達先又は発送地及び到達地（団地、アパートその他高層建築物にあっては、その名称及び電話番号を含む。）
　(3)　運送の扱種別
　(4)　運賃、料金、立替金その他の費用（以下「運賃、料金等」という。）の支払に関する事項
　(5)　荷送人及び荷受人の氏名又は商号並びに住所及び電話番号
　(6)　運送状の作成地及びその作成の年月日
　(7)　高価品については、貨物の種類及び価額
　(8)　品代金の取立てを委託するときは、その旨
　(9)　運送保険に付することを委託するときは、その旨
　(10)　その他その貨物の運送に関し必要な事項
2　荷送人は、当店が前項の運送状の提出を請求しないときは、当店に前項各号に掲げる事項を明告しなければなりません。
（高価品及び貴重品）
第9条　この運送約款において高価品とは、次に掲げるものをいいます。
　(1)　貨幣、紙幣、銀行券、印紙、郵便切手及び公債証書、株券、債権、商品券その他の有価証券並びに金、銀、白金その他の貴金属、イリジウム、タングステンその他の稀金属、金剛石、紅玉、緑桂石、琥珀、真珠その他の宝玉石、象牙、べっ甲、珊瑚及び各その製品
　(2)　美術品及び骨董品
　(3)　容器及び荷造りを加え1キログラム当たりの価格が2万円を超える貨物（動物を除く。）
2　前項第3号の1キログラム当たりの価格の計算は、一荷造りごとに、これをします。
3　その運送約款において貴重品とは、第1項第1号及び第2号に掲げるものをいいます。
（運送の扱種別等不明の場合）
第10条　当店は、荷送人が運送の申込みをするに当たり、運送の扱種別その他の貨物の運送に関し必要な事項を明告しなかった場合は、当店にとって最も有利と認められるところにより、当該貨物の運送をします。
（荷造り）
第11条　荷送人は、貨物の性質、重量、容積、運送距離及び運送の扱種別等に応じて、運送に適するように荷造りをしなければなりません。
2　当店は、貨物の荷造りが十分でないときは、必要な荷造りを要求します。
3　当店は、荷造りが十分でない貨物であっても、他の貨物に対し損害を与えないと認め、かつ、荷送人が書面により荷造りの不備による損害を負担することを承諾したときは、その運送を引き受けることがあります。
（外装表示）
第12条　荷送人は貨物の外装に次の事項を見やすいように表示しなければなりません。ただし、当店が必要がないと認めた事項については、この限りでありません。
　(1)　荷送人及び荷受人の氏名又は商号及び住所
　(2)　品名
　(3)　個数

　(4)　その他運送の取扱いに必要な事項
2　荷送人は、当店が認めたときは、前項各号に掲げる事項を記載した荷札をもって前項の外装表示に代えることができます。
（貨物引換証の発行）
第13条　当店は、荷送人の請求により貨物引換証を発行する場合には、貨物の全部の引渡を受けた後、これを発行します。ただし、次の各号の貨物については、これを発行しません。
　(1)　貴重品及び危険品
　(2)　植木類、苗及び生花
　(3)　動物
　(4)　活鮮魚介類その他腐敗又は変質しやすいもの
　(5)　流動物（酒類、酢類、醤油、清涼飲料及び発火又は引火等の危険性のない油類を除く。）
　(6)　汚わい品
　(7)　品代金取立ての委託を受けた貨物
　(8)　ばら積貨物
（動物等の運送）
第14条　当店は、動物その他特殊な管理を要する貨物の運送を引き受けたときは、荷送人又は荷受人に対して次に掲げることを請求することがあります。
　(1)　当店において、集荷、持込み又は受取の日時を指定すること。
　(2)　当該貨物の運送につき、付添人を付すること。
（危険品についての特則）
第15条　荷送人は、爆発、発火その他運送上の危険を生ずるおそれのある貨物については、あらかじめ、その旨を当店に明告し、かつ、これらの事項を当該貨物の外部の見やすい箇所に明記しなければなりません。
（連絡運輸又は利用運送）
第16条　当店は、荷送人の利益を害しない限り、引き受けた貨物の運送を他の運送機関と連絡して、又は他の貨物自動車運送事業者の行う運送若しくは他の運送機関を利用して運送することがあります。

第5節　指図
（貨物の処分権）
第27条　荷送人又は貨物引換証の所持人は、当店に対し、貨物の運送の中止、返送、転送その他の処分につき指図することができます。
2　前項に規定する荷送人の権利は、貨物が到達地に達した後荷受人がその引渡しを請求したときは、消滅します。
3　第1項の指図する場合において、当店が要求したときは、指図書を提出しなければなりません。
4　貨物引換証の所持人は第1項の指図をしようとする場合は、当該貨物引換証を提示しなければなりません。

第7節　運賃及び料金
（運賃及び料金）
第32条　運賃及び料金並びにその適用方法は、当店が別に定める運賃料金表によります。
2　個人（事業として又は事業のために運送契約の当事者となる者を対象とするものを除く。）を対象とした運賃及び料金並びにその適用方法は、営業所その他の事業所の店頭に掲示します。
3　当店は、収受した運賃及び料金の割戻しはしません。
（運賃、料金等の収受方法）
第33条　当店は、貨物を受け取るときまでに、荷送人から運賃、料金等を収受します。
2　前項の場合において、運賃、料金等の額が確定しないときは、その概算額の前渡しを受け、運賃、料金等の確定後荷送人に対し、その過不足を払い戻し、又は追徴します。
3　当店は第1項の規定にかかわらず、貨物を引き渡すときまでに、運賃料金等を荷受人から収受することを認めることがあります。
（延滞料）
第34条　当店は、貨物を引き渡したときまでに、荷送人又は荷受人が運賃、料金等を支払わなかったときは、貨物を引き渡した日の翌日から運賃、料金等の支払を受けた日までの期間に対し、年利14.5パーセントの割合で、延滞料の支払を請求することがあります。

(運賃請求権)
第35条　当店は、貨物の全部又は、一部が天災その他やむを得ない事由又は当店が責任を負う事由により滅失したときは、その運賃、料金等を請求しません。この場合において、当店は既に運賃、料金等の全部又は一部を収受しているときは、これを払い戻します。
2　当店は、貨物の全部又一部がその性質若しくは欠陥又は荷送人の責任による事由によって滅失したときは、運賃、料金等の全額を収受します。
(事故等と運賃、料金)
第36条　当店は、第27条及び第29条の規定により処分をしたときは、その処分に応じて、又は既に行った運送の割合に応じて、運賃、料金等を収受します。ただし、既にその貨物について、運賃、料金等の全部又は一部を収受している場合には、不足があるときは、荷送人又は荷受人にその支払を請求し、余剰があるときは、これを荷送人又は荷受人に払い戻します。
(中止手数料)
第37条　当店は、運送の中止の指図に応じた場合には、荷送人又は貨物引換証の所持人が責任を負わない事由によるときを除いて、中止手数料を請求することがあります。ただし、荷送人又は貨物引換証の所持人が、貨物の積込みの行われるべきであった日の前日までに運送の中止をしたときは、この限りではありません。
2　前項の中止手数料は、次の各号のとおりとします。
(1)　積合せ貨物の運送にあっては、一運送契約につき500円
(2)　貸切り貨物の運送にあっては、使用予定車両が普通車である場合には1両につき3,500円、小型車である場合には1両につき2,500円

第8節　責任
(責任の始期)
第38条　当店の貨物の滅失、き損についての責任は、貨物を荷送人から受け取った時に始まります。
(責任と挙証)
第39条　当店は、自己又は使用人その他の運送のために使用した者が貨物の受取、引渡し、保管及び運送に関し注意を怠らなかったことを証明しない限り、貨物の滅失、き損又は延着について損害賠償の責任を負います。
(特殊な管理を要する貨物の運送の責任)
第40条　前条の規定にかかわらず、コンテナに詰められた貨物であって当該貨物の積卸しの方法等が次に掲げる場合に該当するものの滅失又はき損について、当店に対し損害賠償の請求をしようとする者は、その損害が当店又はその使用人その他運送のために使用した者の故意又は過失によるものであることを証明しなければなりません。
(1)　荷送人が貨物を詰めたものであること。
(2)　コンテナの封印に異常がない状態で到着していること。
第41条　当店は、動物その他特殊な管理を要する貨物の運送について、第14条第2号の規定に基づき付添人が付された場合には、当該貨物の特殊な管理について責任を負いません。
(荷送人の申告等の責任)
第42条　当店は、貨物の内容を容易に知ることができないものについて、運送状の記載又は荷送人の申告により運送受託書、貨物発送通知書等に品名、品質、重量、容積又は、価額を記載したときは、その記載について責任を負いません。
(運送状等の記載の不完全等の責任)
第43条　当店は運送状若しくは外装表示等の記載又は荷送人の申告が不実又は不備であったために生じた損害については、その責任を負いません。
2　前項の場合において、当店が損害を被ったときは、荷送人はその損害を賠償しなければなりません。
(免責)
第44条　当店は、次の事由による貨物の滅失、き損、延着その他の損害については、損害賠償の責任を負いません。
(1)　当該貨物の欠陥、自然の消耗、虫害又は鼠害
(2)　当該貨物の性質による発火、爆発、むれ、かび、腐敗、変色、さびその他これに類似する事由
(3)　同盟罷業、同盟怠業、社会的騒擾その他の事変又は強盗
(4)　不可抗力による火災
(5)　地震、津波、高潮、大水、暴風雨、地すべり、山崩れ等その他の天災
(6)　法令又は公権力の発動による運送の差止め、開封、没収、差押え又は、第三者への引渡し
(7)　荷送人又は荷受人の故意又は過失
(高価品に対する特則)
第45条　高価品については、荷送人が申込みをするに当たり、その種類及び価額を明告しなければ、当店は損害賠償の責任を負いません。
(責任の特別消滅事由)
第46条　当店の貨物の一部滅失又はき損についての責任は、荷受人が留保しないで貨物を受け取ったときは、消滅します。ただし、貨物を直ちに発見することのできないき損又は一部滅失があった場合において、貨物に引渡しの日から2週間以内に当店に対してその通知を発したときは、この限りではありません。
2　前項の規定は、当店に悪意があった場合には、これを適用しません。

出典：国土交通省〈http://www.mlit.go.jp/common/000021066.pdf〉

解説　約款は、普通取引約款とも呼ばれ、企業などが不特定多数の利用者との契約を定型的に処理するためにあらかじめ作成した契約条項である。約款は、いわゆる附合契約を構成し、利用者には、契約を締結するか否かの選択肢しか与えられず交渉の余地がないことから、監督官庁による認可が必要とされることが多い。

運送約款は、運送人と利用者との間の運送契約の内容を定めたものである。運送契約に関しては、詳細な条項をもつ約款が広く利用されるところから、商法の規定が直接適用される余地が少ない。運送約款は、運送モードの違いに基づく、陸上、海上、航空、および複合の各運送約款と、運送の目的の違いに基づく、物品および旅客の各運送約款とに分けられる。

運送人と荷送人等との間に「特約」のない限り、運送契約は運送約款に従う。運送人は運送約款を定め、国土交通大臣の認可を受けることを要するが、国土交通大臣が作成、公示する「標準運送約款」と同一の運送約款による場合は、その旨を届け出ることで足りる。

(松嶋)

▶資料8-5　約束手形・為替手形・小切手統一用紙

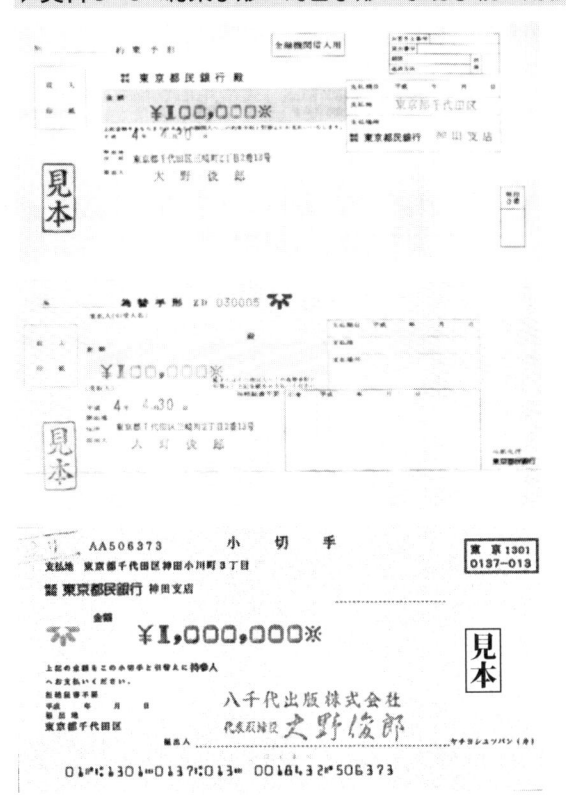

解説　手形・小切手は、一定額の金銭の支払を目的とする有価証券である。手形には、約束手形と為替手形の2種類がある。

約束手形とは、ある人（振出人）が相手方（受取人その他手形の正当な所持人）に対して、自ら一定の金額を支払うべきことを約束する旨を記載した支払約束証券である。為替手形とは、ある人（振出人）が第三者（支払人）に宛てて、相手方（受取人その他手形の正当な所持人）に対して一定の金額（手形金額）を支払うべきことを委託する旨を記載した支払委託証券である。他方小切手とは、ある人（振出人）が第三者（支払人）に宛てて、相手方（受取人その他小切手の正当な所持人）に対して、一定の金額（小切手金額）を支払うべきことを委託する旨を記載した支払委託証券である。

いずれも決済の手段であることでは共通するが、約束手形は支払の繰りのべのために、為替手形は送金や取立てのために、小切手は現金を持ち運ぶリスクを避けるために振り出されることが多い。
　　　　　　　　　　　　　　　　　　　　　（松嶋）

▶資料8-6　荷為替手形

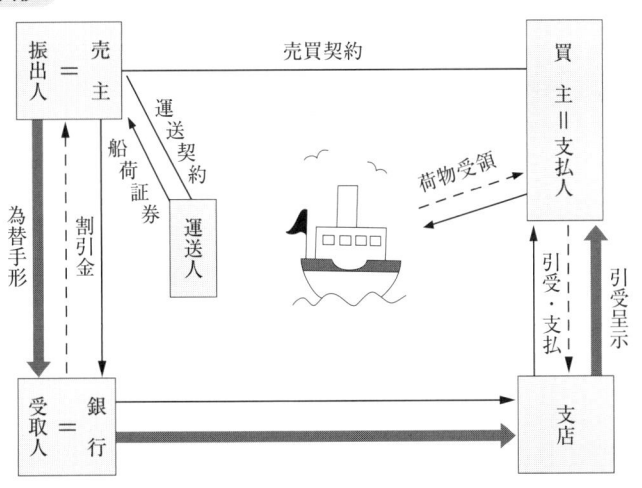

解説　為替手形と貨物引換証（船荷証券）を組みあわせ隔地者間での商品引渡と代金回収を確実にさせる仕組みを「荷為替手形」という。隔地者間で売買が行われると、売主は、一方で運送人との間に当該商品の運送契約を締結し、かつ貨物引換証（船荷証券）の交付を受ける（商571条・767条、国際海運6条）。他方で、売主は、買主またはその指定した銀行を支払人とする為替手形を振出し、この手形を自分の取引銀行で割り引き（荷為替割引）、それによって売買代金の回収を図る。その際、手形割引の担保として貨物引換証がともに銀行に交付される。手形と貨物引換証を受け取った銀行は、買主の地の自行支店または取引銀行にそれらを送付し、買主に対してその手形の引受または支払を求めさせる。そして、引受または支払が得られれば、買主に貨物引換証を交付し、買主はそれによって運送された商品を運送人から受領することができる。それに対して、手形の引受あるいは支払が得られない場合には、銀行は、貨物引換証を競売することによって、割引金の回収を図ることができる。
　　　　　　　　　　　　　　　　　　　　　（松嶋）

9 労働法

▶資料 9-1　職工事情

紡績工場ニ於テハ昼夜交代ノ執業方法ニ依リ其労働時間ハ 11 時間又ハ 11 時間半（休憩時間ヲ除ク）ナルヲ通例トス而シテ職工ノ男女ヲ問ハス年齢ノ長幼ニ関ハラス悉ク同一ニ労働セシムルハ言ヲ俟タス

始業及ヒ終業ノ時刻ニ就テハ昼業部ハ午前 6 時ニ始メテ午後 6 時ニ終リ夜業部ハ午後 6 時ニ始メテ翌日午前 6 時ニ終ルヲ通例トス但シ時季ニ依リ多少ノ変更アリトス又業務ノ都合ニ依リ居残執業セシムルコト多シ通例 23 時間ナレトモ夜業部ノ職工欠席多キトキノ如キハ昼業職工ノ一部ヲシテ翌朝マテ継続執業セシムルコトナキニアラス加之業務繁忙ノ場合ニハ昼夜交代ノ際シテ夜業者ヲシテ 6 時間位居残掃除セシメ昼業者ヲシテ 6 時間位早出掃除セシメ結局 18 時間ヲ通シ労働セシムルコトアリ

休憩時間ニ就テハ各職工ニ食事時間（昼業部ニ在ツテハ正午 30 分トシ夜業部ニ在ツテハ夜半 30 分トス）30 分及ヒ午前午後ニ 15 分宛ヲ与フルヲ通例トス是レ各工場ノ工場規則ノ明示スル処ナリ然レトモ実際ノ状況ヲ按スレハ稍其趣ヲ異ニセルヲ見ル即チ休憩時間中ト雖モ機械ノ運転ヲ中止セサルカ故ニ職工ノ全部力同時ニ休憩ヲナスニ非シテ交代シテ休憩ヲナスナリ故ニ賃金給ノ職工ニ在ツテハ只管ラ労働工程ヲ多クシテ賃銀ノ額ヲ増加スルコトヲ務ムルカタメニ彼等ノ食堂兼控所ニ於テ徐ニ食事ハ休憩ヲナスモ少ク其規定時間ノ半ニ達セサルニ已ニ其受持場ニ帰ルモノアリ又日給者ト雖モ往々監督者ノ督責奨励ニ依リ又ハ其意ヲ迎ヘ休憩時間中執業スルヲ常トス由之観之ハ休憩時間ナルモノハ其名存シテ其実ナキモノト謂フヘシ

昼夜交代ハ 1 週間毎ニ之ヲ行フモノト 10 日毎ニ之ヲ行フモノトアリ此二法一般ニ行ハルヽモ稀ニ 14 日或ハ 15 日ノ長キニ亘ルモノアリ

今紡績工場ノ執業ノ次第ヲ示スカタメニ左ノ 23 工場ニ於ケル執業時間ノ規定ヲ掲ケン

　　　甲　ノ　工　場
　　　　昼　業　ノ　部
午前 6 時 10 分ヨリ 6 時 15 分迄　　　（5 分間）　　　入場
同　　6 時 15 分ヨリ 6 時 20 分迄　　（5 分間）　　　器械注油其他準備
同　　6 時 20 分ヨリ 7 時 45 分迄　　（1 時 25 分）　執業
同　　7 時 45 分ヨリ 8 時迄　　　　　（15 分間）　　朝食
同　　8 時ヨリ 12 時迄　　　　　　　（4 時間）　　　執業
同　　12 時ヨリ午後 0 時 15 分迄　　（15 分）　　　 昼食
午後 0 時 15 分ヨリ 6 時迄　　　　　（5 時 45 分）　執業
同　　6 時ヨリ 6 時 5 分迄　　　　　 （5 分間）　　　掃除
同　　6 時 5 分　　　　　　　　　　　　　　　　　　退場

　　　　夜　業　ノ　部
午後 5 時 55 分ヨリ 6 時迄　　　　　（5 分間）　　　入場
同　　6 時ヨリ 6 時 5 分迄　　　　　 （5 分間）　　　器械注油其他準備
同　　6 時 5 分ヨリ 12 時迄　　　　　（5 時 55 分）　執業
同　　12 時ヨリ 0 時 15 分迄　　　　（15 分）　　　 夜食
午前 0 時 15 分ヨリ 6 時 15 分迄　　（6 時間）　　　執業
同　　6 時 15 分ヨリ 6 時 20 分迄　　（5 分間）　　　掃除
同　　6 時 20 分　　　　　　　　　　　　　　　　　　退場

注：表記一部簡略化
出典：土屋喬雄『職工事情』農商務省商工局、1903 年初版発行、19-20 頁

解説　明治 36 年（1903 年）『職工事情』が伝える当時の労働時間の様子である。本書は工場法立案の基礎資料を得るために、1901 年中に行った各種工業部門における労働事情を調査した報告書である。これにより、女子・年少者労働をはじめとして、労働者の低賃金・長時間にわたる労働・非衛生的な労働環境などのもとでの悲惨な状況が浮きぼりとなり、一般国民の同情が呼び起こされた。

参考文献　日本近代法制史研究会編『日本近代法 120 講』法律文化社、1992 年

日本労働法学会編『労働法講座　第 1 巻　総論』有斐閣、1962 年

吉田久一『日本貧困史』川島書店、1984 年　　　　（中村）

資料9-2　鉱業條令（抄）

明治23年9月26日　法律87号

第5章　鉱業警察

第58条　鉱業ニ関スル警察事務ニシテ左ニ掲クルモノハ農商務大臣之ヲ監督シ鉱山監督署長之ヲ行フ
- 坑内及鉱業ニ関スル建築物ノ保安
- 鉱夫ノ生命及衛生上ノ保護
- 地表ノ安全及公益ノ保護

第59条　鉱業上ニ危険ノ虞アリ又ハ公益ヲ害スト認ムルトキハ所轄鉱山監督署長ハ鉱業人ニ其ノ予防ヲ命シ又ハ鉱業ヲ停止スヘシ
②所轄鉱山監督署長ニ於テ鉱業ヲ停止セントスルトキハ其ノ猶予シ難キ場合ヲ除クノ外ハ農商務大臣ノ認可ヲ経ヘシ

第60条　前条第1項ノ場合ニ於テ鉱業人直ニ其ノ予防ニ著手セサルトキハ所轄鉱山監督署長ハ鉱業人ノ使用スル役員及鉱夫ヲ指揮シ其ノ予防ヲ執行スヘシ
②此ノ場合ニ於テ鉱業人ハ其ノ使用スル役員及鉱夫ヲ予防ノ用ニ供シ且一切ノ費用ヲ負担スルノ義務アルモノトス

第61条　第59条ニ依リ鉱業ヲ停止シタル後其ノ事故止ミタルトキハ所轄鉱山監督署長ハ直ニ鉱業ノ停止ヲ解キ其ノ旨ヲ農商務大臣ニ具申スヘシ

第62条　農商務大臣ニ於テ此ノ条例ニ依リ採掘ノ特許ヲ取消シタルトキ又ハ鉱業人廃業シタルトキハ所轄鉱山監督署長ハ60日以上ノ期限ヲ定メ鉱業ノ為建設シタル家屋及其ノ他ノ建物等ヲ除去セシムヘシ若シ右期限内ニ除去セサルトキハ其ノ建物等ハ土地所有者ノ所有ニ帰ス但所轄鉱山監督署長ニ於テ坑内保安ノ為ニ必要ト認ムル坑内及坑口ノ構造物ハ之ヲ除去スルコトヲ得
②前項ノ場合ニ於テ鉱業人ノ所在不分明ナルトキハ第52条第2項ノ手続ニ依ルヘシ

第63条　農商務大臣ハ此ノ条例ノ範囲内ニ於テ省令ヲ以テ鉱業警察規則ヲ定ムルコトヲ得

第6章　鉱夫

第64条　鉱夫トハ鉱物ノ採掘及之ニ附属スル業務ニ従事スル男女ノ職工ヲ謂フ
②鉱業人ハ其ノ使役スル鉱夫ノ使役規則ヲ定メ所轄鉱山監督署ノ認可ヲ受クヘシ

第65条　鉱業人ト鉱夫トノ間ニ特別ノ約定ナキ場合ニ於テ双方トモ14日以前ニ通知スルトキハ雇役ノ解約ヲナスコトヲ得

第66条　左ノ場合ニ於テハ鉱業人ハ何時タリトモ鉱夫ヲ解雇スルコトヲ得
- 軽罪以上ノ刑ニ処セラレタルカ又ハ不行状ノ所為アルカ若ハ命令ヲ遵守セサルトキ
- 鉱業人又ハ其ノ使用スル役員ニ対シ粗暴ノ所為アリタルトキ
- 身体虚弱ニシテ業務ニ堪ヘサルトキ
- 鉱業ヲ禁止セラレ又ハ廃業シタルトキ

第67条　左ノ場合ニ於テハ鉱夫ハ何時タリトモ其ノ雇役ヲ罷ムルコトヲ得
- 身体虚弱ニシテ業務ニ堪ヘサルトキ
- 鉱業人又ハ其ノ使用スル役員ニ於テ虐待シタルトキ
- 約定ノ賃銭又ハ報酬ヲ給与セサルトキ

第68条　鉱業人又ハ其ノ代理人ハ解雇スル鉱夫ノ請求ニ依リ従来ノ業務年限、本人ノ技能、賃銭及解雇ノ事由ヲ記載シタル証明書ヲ与フヘシ
②鉱業人証明書ヲ与フルコトヲ拒ムカ又ハ鉱夫ニ於テ証明書中不当ト認ムル事項アルトキハ所轄鉱山監督署員若ハ警察官ニ申告スルコトヲ得

第69条　鉱業人ハ鉱夫ノ賃銭ヲ通貨ニテ仕払フヘシ鉱夫ノ請求アルニアラサレハ物品ヲ以テ仕払ヲ為スコトヲ得ス

第70条　鉱業人ハ鉱夫名簿ヲ備ヘ置キ氏名、年齢、本籍、職業、雇入及解雇ノ年月日ヲ記入スヘシ

第71条　農商務大臣ハ左ニ記載スル制限内ニ於テ省令ヲ以テ鉱夫工役規則ヲ定ムルコトヲ得
- 1日12時間以上ノ就業時間ヲ制限スルコト
- 女工ノ工役ノ種類ヲ制限スルコト
- 14年以下ノ男女職工ノ就業時間及工役ノ種類ヲ制限スルコト

第72条　鉱業人ハ左ノ場合ニ於テ其ノ雇入鉱夫ヲ救恤スヘシ其ノ救恤規則ハ所轄鉱山監督署ノ認可ヲ受クヘシ
- 鉱夫自己ノ過失ニ非スシテ就業中負傷シタル場合ニ於テ診察費及療養費ヲ補給スルコト
- 前項ノ場合ニ於テ鉱夫ニ療養休業中相当ノ日当ヲ支給スルコト
- 前項ノ負傷ニ由リ鉱夫ノ死亡シタルトキ埋葬料ヲ補給シ及遺族ニ手当ヲ支給スルコト
- 前項ノ負傷ニ由リ癈疾トナリタル鉱夫ニ期限ヲ定メ補助金ヲ支給スルコト

第8章　罰則

第85条　第64条第2号第69条及第72条ヲ犯シタル者ハ10円以上100円以下ノ罰金ニ処ス

第86条　第6条第37条第68条及第70条ニ違背シタル者ハ1円以上1円95銭以下ノ科料ニ処ス

第88条　此ノ条例ヲ犯シタル者ニハ刑法ノ減軽再犯加重及数罪倶発ノ例ヲ用ス
②鉱業人未成年瘋癲白痴又ハ瘖唖ニシテ此ノ罰則ヲ犯シタルトキハ其ノ後見人ヲ処罰ス

第9章　附則

第91条　此ノ条例ノ施行ニ関スル細則ハ農商務大臣之ヲ定ム

第90条　此ノ条例ハ明治25年6月1日ヨリ施行ス明治6年太政官第259号布告日本坑法ハ同日限之ヲ廃止ス

注：表記一部簡略化

解説　劣悪な労働条件のもとで、労働者の慢性的な過労が続き、労働災害の危険が異常に高まった。こうしたことから自然発生的なストライキが見られるようになり、それに対処するために、災害補償制度が導入されるようになった。

本資料は、鉱夫に関する安全衛生を目的としたはじめての立法である。ただし、この時期の労働立法は労働者の保護に対しても、警察の「取締」によって図ろうとするところに一つの特徴がある。

参考文献　石井照久『労働法総論』有斐閣、1975年
日本労働法学会編『労働法講座　第1巻　総論』有斐閣、1962年

（中村）

資料9-3 工場法（抄）

明治44年3月29日　法律第46号

第2条　工業主ハ12才未満ノ者ヲシテ工場ニ於テ就業セシムルコトヲ得但シ本法施行ノ際10才以上ノ者ヲ引続キ就業セシムル場合ハ此ノ限ニ在ラス

行政官庁ハ軽易ナル業務ニ付就業ニ関スル条件ヲ附シテ10才以上ノ者ノ就業ヲ許可スルコトヲ得

第3条　工業主ハ15才未満ノ者及女子ヲシテ1日ニ付12時間ヲ超エテ就業セシムルコトヲ得ス

主務大臣ハ業務ノ種類ニ依リ本法施行後15年間ニ限リ前項ノ就業時間ヲ2時間以内延長スルコトヲ得

就業時間ハ工場ヲ異ニスル場合ト雖前2項ノ規定ノ適用ニ付テハ之ヲ通算ス

第4条　工業主ハ15才未満ノ者及女子ヲシテ午後10時ヨリ午前4時ニ至ル間ニ於テ就業セシムルコトヲ得ス

第5条　左ノ各号ノ一ニ該当スル場合ニ於テハ前条ノ規定ヲ適用セス但シ本法施行15年後ハ14才未満ノ者及20才未満ノ女子ヲシテ午後10時ヨリ午前4時ニ至ル間ニ於テ就業セシムルコトヲ得ス

一　一時ニ作業ヲ為スコトヲ必要トスル特種ノ事由アル業務ニ就カシムルトキ

二　夜間ニ作業ヲ必要トスル特種ノ事由アル業務ニ就カシムルトキ

三　昼夜連続作業ヲ必要トスル特種ノ事由アル業務ニ職工ヲ2組以上ニ分チ交替ニ就業セシムルトキ

前項ニ掲ケタル業務ノ種類ハ主務大臣之ヲ指定ス

第6条　職工ヲ2組以上ニ分チ交替ニ就業セシムル場合ニ於テハ本法施行後15年間第4条ノ規定ヲ適用セス

第7条　工業主ハ15才未満ノ者及女子ニ対シ毎月少クトモ2回ノ休日ヲ設ケ、職工ヲ2組ニ分チ交替ニ午後10時ヨリ午前4時ニ至ル間ニ於テ就業セシムル場合及第5条第1項第二号ニ該当スル場合ニ於テハ少クトモ4回ノ休日ヲ設ケ又1日ノ就業時間カ6時間ヲ超ユルトキハ少クトモ30分、10時間ヲ超ユルトキハ少クトモ1時間ノ休憩時間ヲ就業時間中ニ於テ設クヘシ

職工ヲ2組以上ニ分チ交替ニ午後10時ヨリ午前4時ニ至ル間ニ於テ就業セシムルトキハ10日ヲ超エサル期間毎ニ其ノ就業時ヲ転換スヘシ

第8条　天災事変ノ為又ハ事変ノ虞アル為必要アル場合ニ於テハ主務大臣ハ事業ノ種類及地域ヲ限リ第3条乃至第5条及前条ノ規定ノ適用ヲ停止スルコトヲ得

避クヘカサル事由ニ因リ臨時必要アル場合ニ於テハ工業主ハ行政官庁ノ許可ヲ得テ期間ヲ限リ第3条ノ規定ニ拘ラス就業時間ヲ延長シ、第4条及第5条ノ規定ニ拘ラス職工ヲ就業セシメ又ハ前条ノ休日ヲ廃スルコトヲ得

臨時必要アル場合ニ於テハ工業主ハ其ノ都度予メ行政官庁ニ届出テ1月ニ付7日ヲ超エサル期間就業時間ヲ2時間以内延長スルコトヲ得

季節ニ依リ繁忙ナル事業ニ付テハ工業主ハ一定ノ期間ニ付予メ行政官庁ノ許可ヲ受ケタル期間中1年ニ付120日ノ割合ヲ超エサル限リ就業時間ヲ1時間以内延長スルコトヲ得此ノ場合ニ於テハ其ノ許可ヲ受ケタル期間内ハ前項ノ規定ヲ適用セス

第9条　工業主ハ15才未満ノ者及女子ヲシテ運転中ノ機械若ハ動力伝導装置ノ危険ナル部分ノ掃除、注油、検査若ハ修繕ヲ為サシメ又ハ運転中ノ機械若ハ動力伝導装置ニ調帯、調索ノ取附ケ若ハ取外シヲ為サシメ其ノ他危険ナル業務ニ就カシムルコトヲ得ス

第10条　工業主ハ15才未満ノ者ヲシテ毒薬、劇薬其ノ他有害料品又ハ爆発性、発火性若ハ引火性ノ料品ヲ取扱フ業務及著シク塵埃、粉末ヲ飛散シ又ハ有害瓦斯ヲ発散スル場所ニ於ケル業務其ノ他危険又ハ衛生上有害ナル場所ニ於ケル業務ニ就カシムルコトヲ得ス

第12条　主務大臣ハ病者又ハ産婦ノ就業ニ付制限又ハ禁止ノ規定ヲ設クルコトヲ得

第13条　行政官庁ハ命令ノ定ムル所ニ依リ工場及附属建設物並設備カ危害ヲ生シ又ハ衛生、風紀其ノ他公益ヲ害スル虞アリト認ムルトキハ予防又ハ除害ノ為必要ナル事項ヲ工業主ニ命シ必要ト認ムルトキハ其ノ全部又ハ一部ノ使用ヲ停止スルコトヲ得

第14条　当該官吏ハ工場又ハ其ノ附属建設物ニ臨検スルコトヲ得此ノ場合ニ於テハ其ノ証票ヲ携帯スヘシ

第15条　職工自己ノ重大ナル過失ニ依ラスシテ業務上負傷シ、疾病ニ罹リ又ハ死亡シタルトキハ工業主ハ勅令ノ定ムル所ニ依リ本人又ハ其ノ遺族ヲ扶助スヘシ

第20条　第2条及至第5条、第7条、第9条又ハ第10条ノ規定ニ違反シタル者及第13条ノ規定ニ依ル処分ニ従ハサル者ハ500円以下ノ罰金ニ処ス

第21条　正当ノ理由ナクシテ当該官吏ノ臨検ヲ拒ミ若ハ之ヲ妨ケ若ハ其ノ訊問ニ対シ答弁ヲ為ササル者ハ300円以下ノ罰金ニ処ス

第22条　工業主又ハ第19条ニ依リ工業主ニ代ル者ハ其ノ代理人、戸主、家族、同居者、雇人其ノ他ノ従業者ニシテ本法ハ本法ニ基キテ発スル命令ニ違反スル所為ヲ為シタルトキハ自己ノ指揮ニ出テサルノ故ヲ以テ其ノ処罰ヲ免ルルコトヲ得ス但シ工場ノ管理ニ付相当ノ注意ヲ為シタルトキハ此ノ限ニ在ラス

工業主ハ第19条ニ依リ工業主ニ代ル者ハ職工ノ年齢ヲ知ラサルノ故ヲ以テ本法ノ処罰ヲ免ルルコトヲ得ス但シ工業主ハ第19条ニ依リ工業主ニ代ル者及取扱者ニ過失ナカリシ場合ハ此ノ限ニ在ラス

注：表記一部簡略化

解説　我が国最初の労働立法である工場法は、工場労働者の年齢・性別に応じた就業制限を設けて過重労働などを規制することによって労働者を保護しようとするものであった。戦後は労働基準法にとって代わられた。

女工・少年工の12時間労働（2・3条）と深夜業の禁止（4・6条）、月2日の休日（7条）、危険作業の禁止（9・10条）、傷病死につき本人または遺族に対する扶助制度確立（15条）などの保護規定が置かれている。

もっとも、本法制定にあっては、壮丁（成年男子）の体位（体力・運動能力）低下を防ぐという国防的見地の介在もあったともいわれている。「労働者の保護」よりも「労働力の保護」という人的資源に主眼があったというのである。

参考文献　石井照久『労働法総論』有斐閣、1975年
下川耿史編『明治・大正家庭史年表』河出書房新社・2000年

（中村）

▶資料 9-4　完全失業率

完全失業率（男女計）

	平均完全失業率(%)		平均完全失業率(%)		平均完全失業率(%)		平均完全失業率(%)
昭和28（1953）年	1.85	43（1968）	1.18	56（1981）	2.21	7（1995）	3.15
29（1954）	2.25	44（1969）	1.13	57（1982）	2.35	8（1996）	3.35
30（1955）	2.51	45（1970）	1.15	58（1983）	2.66	9（1997）	3.40
31（1956）	2.29	46（1971）	1.23	59（1984）	2.71	10（1998）	4.11
32（1957）	1.93	47（1972）	1.39	60（1985）	2.62	11（1999）	4.68
33（1958）	2.04	47（1972）	1.30	61（1986）	2.76	12（2000）	4.72
34（1959）	2.23	48（1973）	1.27	62（1987）	2.85	13（2001）	5.03
35（1960）	1.63	49（1974）	1.38	63（1988）	2.53	14（2002）	5.38
36（1961）	1.43	50（1975）	1.89	平成元（1989）年	2.27	15（2003）	5.26
37（1962）	1.28	51（1976）	2.01	2（1990）	2.11	16（2004）	4.72
38（1963）	1.28	52（1977）	2.03	3（1991）	2.10	17（2005）	4.43
39（1964）	1.18	53（1978）	2.24	4（1992）	2.15	18（2006）	4.14
40（1965）	1.22	54（1979）	2.08	5（1993）	2.50	19（2007）	3.84
41（1966）	1.31	55（1980）	2.01	6（1994）	2.89	20（2008）	3.99
42（1967）	1.26						

解説　完全失業率とは、労働力人口（就業者と完全失業者の計）に占める完全失業者（15歳以上で仕事をもたず、すぐに就業が可能で求職中の者）の割合である。分子である失業者数が増えると上昇し、減ると下降する。ところが、失業が長期化すると就業自体を断念する者が出てくる。そのため、景気悪化の初期には失業率が上昇するものの、景気悪化が深刻化し長期化すると失業率の上昇傾向が鈍化し横ばいになることもある。

（中村）

▶資料 9-5　最低賃金制度

平成19年度地域別最低賃金

都道府県	平成19年度最低賃金時間額(単位：円)	都道府県	平成19年度最低賃金時間額(単位：円)	都道府県	平成19年度最低賃金時間額(単位：円)	都道府県	平成19年度最低賃金時間額(単位：円)
北海道	654	東　京	739	滋　賀	677	香　川	640
青　森	619	神奈川	736	京　都	700	愛　媛	623
岩　手	619	新　潟	657	大　阪	731	高　知	622
宮　城	639	富　山	666	兵　庫	697	福　岡	663
秋　田	618	石　川	662	奈　良	667	佐　賀	619
山　形	620	福　井	659	和歌山	662	長　崎	619
福　島	629	山　梨	665	鳥　取	621	熊　本	620
茨　城	665	長　野	669	島　根	621	大　分	620
栃　木	671	岐　阜	685	岡　山	658	宮　崎	619
群　馬	664	静　岡	697	広　島	669	鹿児島	619
埼　玉	702	愛　知	714	山　口	657	沖　縄	618
千　葉	706	三　重	689	徳　島	625		

解説　最低賃金法は、賃金の低廉な労働者について、賃金の最低額を保障することにより、労働条件の改善を図り、労働者の生活の安定、労働力の質的向上を図ることを直接の目的としている（最賃1条）。

使用者は、最低賃金の適用を受ける労働者に対し、その最低賃金額以上の賃金を支払わなければならない（最賃4条1項）。

最低賃金の適用を受ける労働者と使用者との間の労働契約で最低賃金に達しない賃金を定めるものは、その部分については無効となる。この場合において、無効となった部分は、最低賃金と同様の定をしたものとみなされる（最賃4条2項）。最低賃金には、地域別最低賃金と産業別最低賃金及び労働協約の拡張適用による地域的最低賃金の3種類がある。

①地域別最低賃金　産業や職種にかかわりなく、すべての労働者とその使用者に対して適用される最低賃金として、各都道府県ごとに最低賃金が定められている。

②産業別最低賃金　特定の産業について、関係労使が基幹的労働者を対象として、地域別最低賃金より金額水準の高い最低賃金を定めることが必要と認めるものについて設定されている。

③労働協約の拡張適用による地域的最低賃金　一定の地域の同種の労働者および使用者の大部分に賃金の最低額を定めた労働協約が適用されている場合、労使のどちらか一方の申請に基づき、その賃金の最低額がその地域のすべての労働者に拡張して適用される制度である。

最低賃金の対象となる賃金は、毎月支払われる基本的な賃金に限られる。具体的には、基本給と諸手当が対象となる。

（中村）

▶資料9-6 労働組合数

労働組合数、労働組合員数および推定組織率の推移（単一組織組合）

年	労働組合数	労働組合員数（千人）	雇用者数（万人）	推定組織率（％）
平成12年	31185	11539	5,379	21.5
13	30773	11212	5,413	20.7
14	30177	10801	5,348	20.2
15	29745	10531	5,373	19.6
16	29320	10309	5,371	19.2
17	28279	10138	5,416	18.7

解説 「単一組織組合」とは、組織が労働者の個人加入の形式をとり、その内部に支部等の下部組織をもつ労働組合をいう。

これに対して「単位組織組合」とは、組織が労働者の個人加入の形式をとり、支部等の下部組織を全くもたない労働組合をいう。たとえば、1企業1事業所の労働者だけで組織されている労働組合がそれである。　　　　　（中村）

▶資料9-7 争議行為を伴う争議の行為形態別件数、参加人員

年	半日以上の同盟罷業 件数（件）	行為参加人員（人）	労働損失日数（日）	半日未満の同盟罷業 件数（件）	行為参加人員（人）	怠業 件数（件）	行為参加人員（人）
平成14	74	7,015	12,262	253	60,004	—	—
15	47	4,447	6,727	145	38,862	—	—
16	51	6,998	9,755	142	49,659	—	—
17	50	4,119	5,629	99	23,746	—	—
18	46	5,766	7,914	82	34,758	—	—
19	54	20,825	33,236	118	34,485	—	—

注：争議行為を伴う争議で、複数の行為形態を伴う争議（たとえば「半日未満の同盟罷業」から「半日以上の同盟罷業」に移行した場合など）は、それぞれの形態で計上しているので、計とそれぞれの形態を積み上げた合計と一致しない場合がある。

出典：厚生労働省〈http://www.mhlw.go.jp/toukei/itiran/roudou/roushi/sougi/07/index.html〉

解説 労働争議とは、労働者が自らの労働条件の向上を目指して行う様々な活動である。労働関係調整法6条は、「労働争議とは、労働関係の当事者間において、労働関係に関する主張が一致しないで、そのために争議行為が発生している状態又は発生する虞がある状態」と定義している。

これには、ストライキ（労働を行わないで抗議すること、同盟罷業とも呼ばれる）、ピケッティング（ストライキなどの実効性を確保するために、労働者がスト破りを防ぐために職場を見張って他の労働者を入れさせないようにすること）、サボタージュ（外形的には仕事を継続しながら、意識的に使用者の指揮命令に部分的に服しないこと、怠業とも呼ばれる）などがある。

こうした争議行為は、刑事上の処罰の対象となることなく、民事上も債務不履行や不法行為に基づく損害賠償の対象にはならない（労組1条2項・8条）。　（中村）

10 社会保障法

▶資料10-1　ベヴァリッジ報告（抄）

300.　**社会保障の範囲**　ここでいう『社会保障』とは、失業、疾病もしくは災害によって収入が中断された場合にこれに代わるための、また老齢による退職や本人以外の者の死亡による扶養の喪失に備えるための、さらにまた出生、死亡および結婚などに関連する特別の支出をまかなうための、所得の保障を意味する。もとより、社会保障はある最低限度までの所得の保障を意味するものであるが、所得を支給するとともに、できるだけ速やかに収入の中断を終わらせるような措置を講ずべきである。

302.　**保障の3つの方法**　これら3つの前提にもとづいて、社会保障計画は、次に概略するように、3つの異なった方法を組み合わせて行なわれる。すなわち、基本的なニードに対する社会保険、特別なケースに対する国民扶助、基本的な措置に付加するものとしての任意保険、の3つである。社会保険とは、被保険者本人または被保険者に代わる者があらかじめ強制保険料を拠出することを条件として、請求時の個人の資力に関係なく、現金給付を支給することを意味する。社会保険は、3つの方法のなかでは最も重要な方法であり、ここではできるかぎり包括的なものとするように計画案がつくられている。しかし、社会保険は所得保障の主要な手段でありうるし、またそうあるべきであるが、社会保険がその唯一の手段というわけではない。社会保険は国民扶助と任意保険の両者によって補完される必要がある。国民扶助とは、請求のさいに扶助が必要であることの証明を条件として、事前の拠出に関係なく、個々の事情を考慮して調整を行なったうえで、国庫から支払われる現金給付を意味する。国民扶助は、社会保険の範囲がどんなに拡大されても、社会保険を補足するものとして欠くことができないものである。これら二者のほかに、任意保険が存在する余地がある。国の制度としての社会保険および国民扶助は、それぞれ定められた条件のもとで、生存に必要な基本的な所得を保障するように計画されている。社会の異なる階層の現実の所得格差はいちじるしく、したがって、それぞれの標準的な支出水準にも大きな格差がある。これらのうち高い支出水準に備えることは本来個人の役割であり、それは自由な選択の問題であり、また任意保険の問題である。ただ国は、その施策においてそのような任意保険の余地を残すようにし、むしろこれを奨励するように努めなければならない。

304.　**均一額の最低生活費給付**　社会保険計画の第1の基本原則は、失業もしくは労働不能によって中断され、あるいは退職によって停止した稼得時の収入額に関係なく、均一額の保険給付を支給することである。ただし、業務上の災害もしくは疾病の結果生じた長期の廃疾の場合のみは例外となる。

305.　**均一額の保険料拠出**　計画の第2の基本原則は、各被保険者またはその使用者から徴収される強制保険料拠出が、被保険者の資力に関係なく均一額であるということである。すべての被保険者は、富める者も貧しい者も、同一の保障に対しては同額の保険料を支払う。

出典：イギリス社会保険および関連サービスに関する検討を行なうべき委員会編／山田雄三監訳『ベヴァリジ報告　社会保険および関連サービス』至誠堂、1969年、185-186頁

解説　社会保障という用語を一般化させたのが、ウイリアム・ベヴァリッジ卿による1942年の本報告書である。ここでは、「ゆりかごから墓場まで」の思想に基づく社会保障計画が提唱されている。 （中村）

▶資料10-2　社会保障制度勧告

「日本国憲法第25条は、(1)「すべて国民は健康で文化的な最低限度の生活を営む権利を有する。」(2)「国は、すべての生活部面について社会福祉、社会保障及び公衆衛生の向上及び増進に努めなければならない。」と、規定している。これは国民には生存権があり、国家には生活保障の義務があるという意である。これはわが国も世界の最も新しい民主主義の理念に立つことであって、これにより、旧憲法に比べて国家の責任は著しく重くなったといわねばならぬ。（途中略）

社会保障制度審議会は、この憲法の理念と、この社会的事実の要請に答えるためには、一日も早く統一ある社会保障制度を確立しなくてはならぬと考える。いわゆる社会保障制度とは、疾病、負傷、分娩、廃疾、死亡、老齢、失業、多子その他困窮の原因に対し、保険的方法又は直接公の負担において経済保障の途を講じ、生活困窮に陥った者に対しては、国家扶助によって最低限度の生活を保障するとともに、公衆衛生及び社会福祉の向上を図り、もってすべての国民が文化的社会の成員たるに値する生活を営むことができるようにすることをいう……」。

出典：昭和25年10月16日社会保障制度審議会会長発内閣総理大臣宛勧告

解説　総理大臣の諮問機関である社会保障制度審議会が、昭和25年（1950年）に発表した「社会保障制度に関する勧告」で、社会保障についての我が国初の公式定義が置かれている。 （中村）

▶資料 10-3　医療保険の仕組み

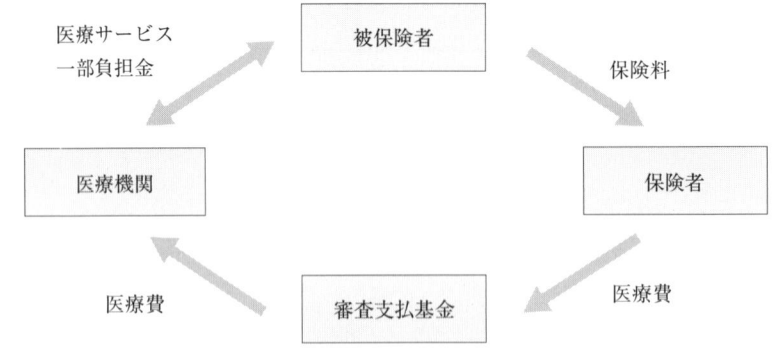

```
             医療サービス              被保険者
             一部負担金           ↗          ↘
                    ↙                           保険料
                  ↙                              ↘
            医療機関                             保険者
                  ↖                              ↙
                    ↖                           ↙
              医療費         審査支払基金      医療費
```

参考資料：「医療保険の仕組み」〈http://www.ajha.or.jp/guide/4.html〉

解説　被保険者は、毎月一定の金額を保険料として保険者（医療保険の運営をする組織のこと）に支払う。傷病の際には医療機関を受診し、医療サービスを現物で受け取る。費用の一部は一部負担金として医療機関に直接支払うが、大部分は医療機関の方から保険者に請求することになる。実際には、保険者の方から実施された医療サービスが適切なものであったかの審査および支払を審査支払機関（社会保険診療報酬支払基金、国民健康保険連合会）に依頼しており、医療機関は審査支払機関に請求書（通称レセプト）を送り、支払を受けることになる。　　　　　　　　　　（中村）

▶資料 10-4　年金の概要

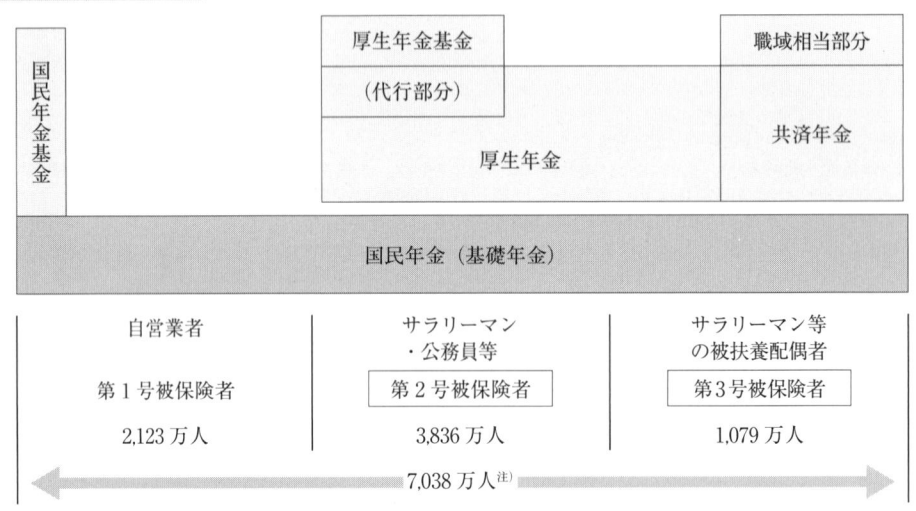

国民年金基金	厚生年金基金（代行部分）	職域相当部分
	厚生年金	共済年金
国民年金（基礎年金）		

自営業者	サラリーマン・公務員等	サラリーマン等の被扶養配偶者
第1号被保険者	第2号被保険者	第3号被保険者
2,123万人	3,836万人	1,079万人

7,038万人(注)

注：平成18年度末現在の加入者数。
参考資料：社会保険庁〈http://www.sia.go.jp/nenkin/seido01.html〉

解説　年金とは、毎年定期的・継続的に給付される金銭である。年金の受給を保障する仕組み、すなわち年金制度を指す場合もある。年金は、制度の運営手法によって、公的年金と私的年金に分類される。以下は、公的年金についての説明である。

日本の年金制度は、国民年金からすべての国民に共通する基礎年金が支給され、厚生年金など被用者年金から報酬比例の上乗せ年金が支給されるという、2階建ての給付の仕組みが採られている。

国民年金は、自営業者だけでなく、厚生年金などの被用者年金制度の加入者とその配偶者にも共通する給付として、①老齢基礎年金、②障害基礎年金、③遺族基礎年金の3種類の基礎年金が支給される。厚生年金が適用されている事業所に勤めるサラリーマン等は、国民年金と厚生年金の2つの年金制度に加入する。厚生年金から支給される年金は、加入期間とその間の収入の平均に応じて計算される報酬比例の年金となっており、基礎年金に上乗せするかたちで支給される。　　　　　　　　　　　　　　　　　　（中村）

▶資料 10-5　生活保護の概要

保護受給手続

(1) 申請による場合

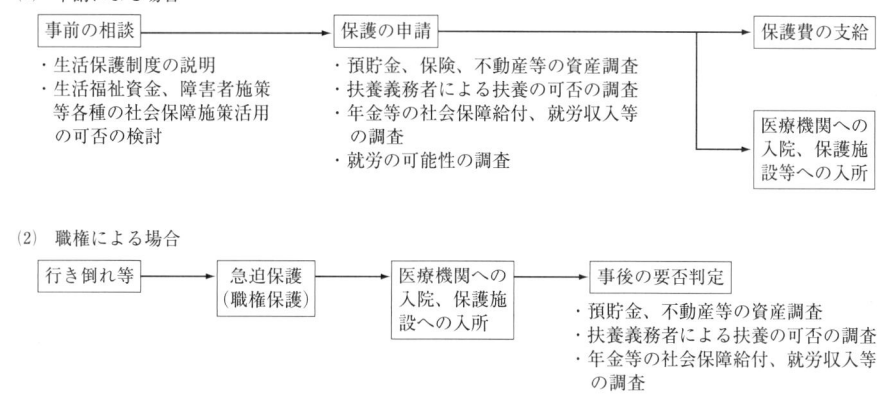

```
┌─────────┐     ┌─────────┐     ┌─────────┐
│ 事前の相談 │ ──→ │ 保護の申請 │ ──→ │ 保護費の支給│
└─────────┘     └─────────┘     └─────────┘
                                       │
                                       ↓
                                ┌─────────┐
                                │医療機関への│
                                │入院、保護施│
                                │設等への入所│
                                └─────────┘
```

- ・生活保護制度の説明
- ・生活福祉資金、障害者施策等各種の社会保障施策活用の可否の検討

- ・預貯金、保険、不動産等の資産調査
- ・扶養義務者による扶養の可否の調査
- ・年金等の社会保障給付、就労収入等の調査
- ・就労の可能性の調査

(2) 職権による場合

```
┌─────┐   ┌──────┐   ┌─────────┐   ┌──────────┐
│行き倒れ等│→│急迫保護  │→│医療機関への │→│事後の要否判定│
│      │  │(職権保護)│  │入院、保護施 │  │          │
└─────┘   └──────┘   │設への入所  │   └──────────┘
                      └─────────┘
```

- ・預貯金、不動産等の資産調査
- ・扶養義務者による扶養の可否の調査
- ・年金等の社会保障給付、就労収入等の調査

生活扶助基準

平成 16 年度生活扶助基準の例

	東京都区部等	地方郡部等
標準 3 人世帯（33 歳、29 歳、4 歳）	162,170 円	125,690 円
高齢者単身世帯（68 歳）	80,820 円	62,640 円
高齢者夫婦世帯（68 歳、65 歳）	121,940 円	94,500 円
母子世帯（30 歳、9 歳、3 歳）	158,650 円	122,960 円

解説　生活保護とは、憲法 25 条の生存権の要請に基づき、生活に困窮するすべての国民に対し、その困窮の程度に応じ、国が必要な保護を行い、その最低限度の生活を保障するとともに自立を助長することをいう。具体的には、生活扶助、教育扶助、住宅扶助、医療扶助、介護扶助、出産扶助、生業扶助および葬祭扶助の 8 種類からなる。

生活扶助とは、生活困窮者が、衣食その他日常生活の需要を満たすための扶助である。生活扶助基準に従って支給される。

（中村）

11 経済法

▶資料11-1　独占禁止法概要

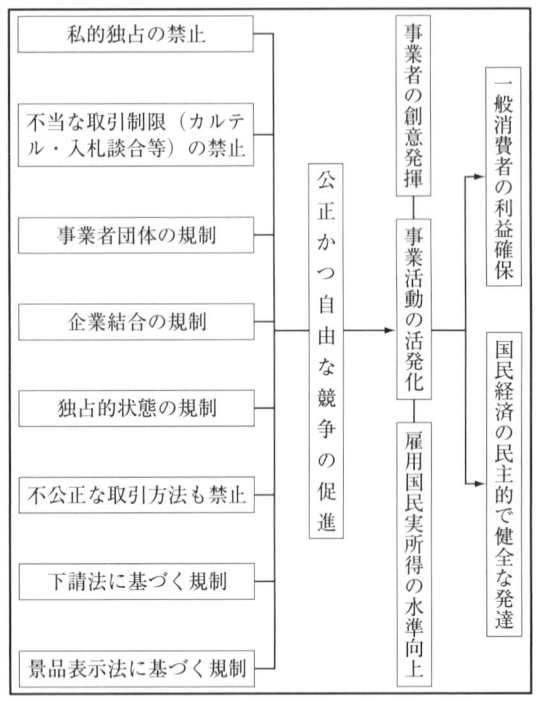

```
私的独占の禁止 ─┐
不当な取引制限（カルテル・入札談合等）の禁止 ─┤
事業者団体の規制 ─┤                事業者の創意発揮 ─→ 一般消費者の利益確保
企業結合の規制 ─┼─ 公正かつ自由な競争の促進 ─→ 事業活動の活発化 ─→
独占的状態の規制 ─┤                雇用国民実所得の水準向上 ─→ 国民経済の民主的で健全な発達
不公正な取引方法も禁止 ─┤
下請法に基づく規制 ─┤
景品表示法に基づく規制 ─┘
```

参考資料：公正取引委員会「知ってなっとく独占禁止法」
〈http://www.jftc.go.jp/dk/dokkinpamph2.pdf〉

解説　独占禁止法の正式名称は、「私的独占の禁止及び公正取引の確保に関する法律」である。その目的は、公正かつ自由な競争を促進し、事業者が自主的な判断で自由に活動できるようにすることにある。市場メカニズムが正しく機能していれば、事業者は、自らの創意工夫によって、より安くて優れた商品を提供して売上高を伸ばそうとするし、消費者は、ニーズにあった商品を選択することができる。

公正取引委員会は、違反行為をした者に対して、その違反行為を除くために必要な措置「排除措置命令」を発する。価格等のカルテルが行われた場合は、カルテル等に参加した企業や業界団体の会員に対して、課徴金が課される。カルテル、私的独占、不公正な取引方法を行った企業に対して、被害者は損害賠償の請求ができる。この場合、企業は故意・過失の有無を問わず責任を免れることができない（無過失損害賠償責任）。カルテル、私的独占などを行った企業や業界団体の役員に対しては、罰則が定められている。

（中村）

▶資料11-2　課徴金の適用対象

不当な取引制限（カルテル、談合）	私的独占（「支配型」に限る）
商品又は役務について	被支配事業者が供給する商品又は役務について
対価に係るもの（独占禁止法第7条の2第1項第1号）	対価に係るもの（独占禁止法第7条の2第2項第1号）
1. 供給量又は購入量 2. 市場占有率 3. 取引の相手方 のいずれかを実質的に制限することにより、その対価に影響することとなるもの（独占禁止法第7条の2第1項第2号）	1. 供給量 2. 市場占有率 3. 取引の相手方 のいずれかを実質法第7条の2第2項第2号的に制限することにより、その対価に影響することとなるもの（独占禁止法第7条の2第2項第2号）

課徴金の算定率

		原則	早期解消	再度の違反
大企業	製造業等	10.0%	8.0%	15.0%
	小売業	3.0%	2.4%	4.5%
	卸売業	2.0%	1.6%	3.0%
中小企業	製造業等	4.0%	3.2%	6.0%
	小売業	1.2%	1.0%	1.8%
	卸売業	1.0%	0.8%	1.5%

注：「早期解消」とは、違反行為の期間が2年未満で、調査開始日の1カ月前までに違反行為をやめていた場合をいう（再度違反していた場合は含まれない）。「再度の違反」とは、調査の開始日からさかのぼり10年以内に課徴金納付命令を受けたことがある場合をいう。
参考資料：公正取引委員会「課徴金制度」〈http://www.jftc.go.jp/dk/katyokin.html〉

解説 課徴金とは、カルテル・入札談合等の違反行為防止という行政目的を達成するため、行政庁が違反事業者等に対して課す金銭的不利益のことをいう。カルテルの摘発に伴う不利益を増大させてその経済的誘因を小さくし、カルテルの予防効果を強化することを目的として、既存の刑事罰の定め（独禁89条）やカルテルによる損害を回復するための損害賠償制度（独禁25条）に加えて設けられたものであり、カルテル禁止の実効性確保のための行政上の措置として機動的に発動できるように配慮されている。

(中村)

▶資料11-3　課徴金の流れ

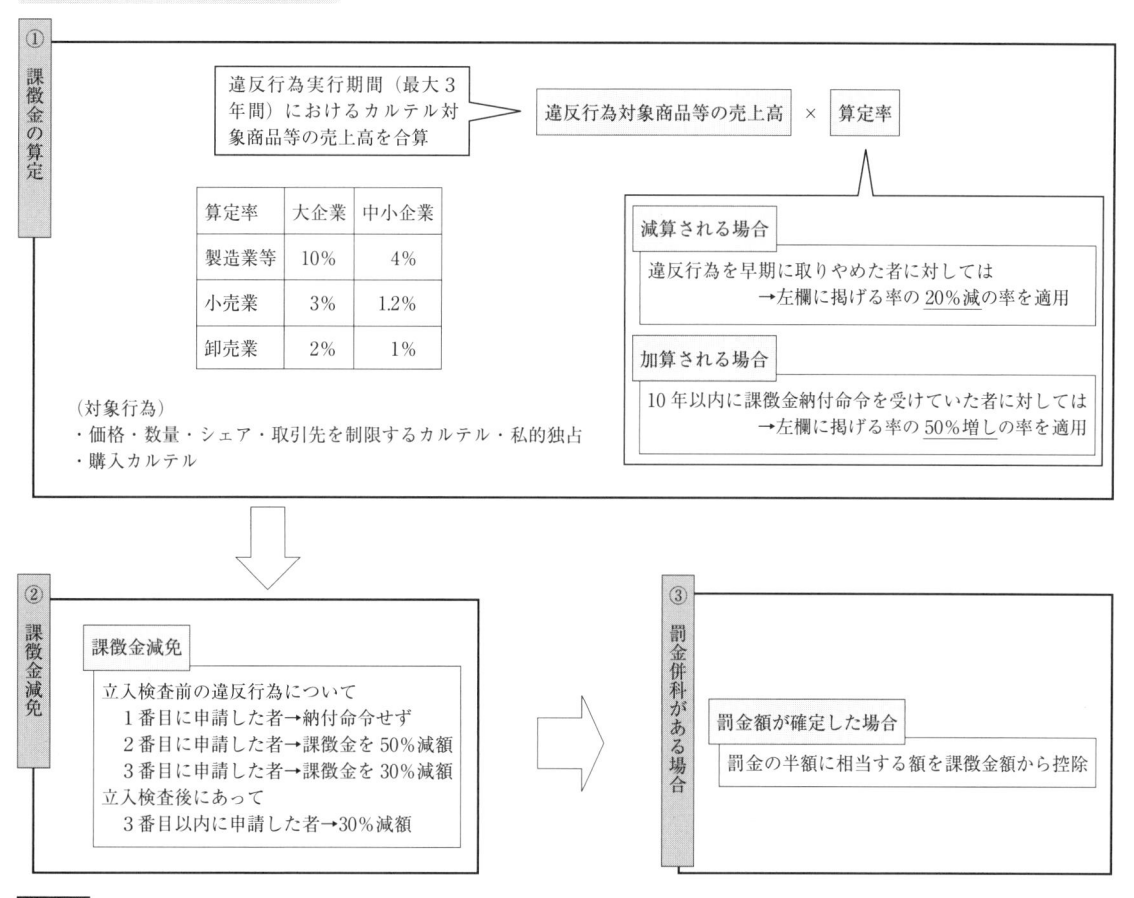

① 課徴金の算定

違反行為実行期間（最大3年間）におけるカルテル対象商品等の売上高を合算 → 違反行為対象商品等の売上高 × 算定率

算定率	大企業	中小企業
製造業等	10%	4%
小売業	3%	1.2%
卸売業	2%	1%

（対象行為）
・価格・数量・シェア・取引先を制限するカルテル・私的独占
・購入カルテル

減算される場合
違反行為を早期に取りやめた者に対しては
→左欄に掲げる率の20%減の率を適用

加算される場合
10年以内に課徴金納付命令を受けていた者に対しては
→左欄に掲げる率の50%増しの率を適用

② 課徴金減免

課徴金減免
立入検査前の違反行為について
1番目に申請した者→納付命令せず
2番目に申請した者→課徴金を50%減額
3番目に申請した者→課徴金を30%減額
立入検査後にあって
3番目以内に申請した者→30%減額

③ 罰金併科がある場合

罰金額が確定した場合
罰金の半額に相当する額を課徴金額から控除

解説 課徴金の額の算定方式は、実行期間のカルテル対象商品または役務の売上額に一定率を乗ずる方式を採っているが、これは、課徴金制度が行政上の措置であるため、算定基準も明確なものであることが望ましく、また、制度の積極的かつ効率的な運営により抑止効果を確保するためには算定が容易であることが必要であるからであって、個々の事案ごとに経済的利益を算定することは適切ではないとして、そのような算定方式が採用され、維持されているものと解される。そうすると、課徴金の額はカルテルによって実際に得られた不当な利得の額と一致しなければならないものではないというべきである（最判平成17年9月13日民集59巻7号1950頁）。

(中村)

▶資料11-4 合併審査の流れ

〈企業結合審査の流れ〉

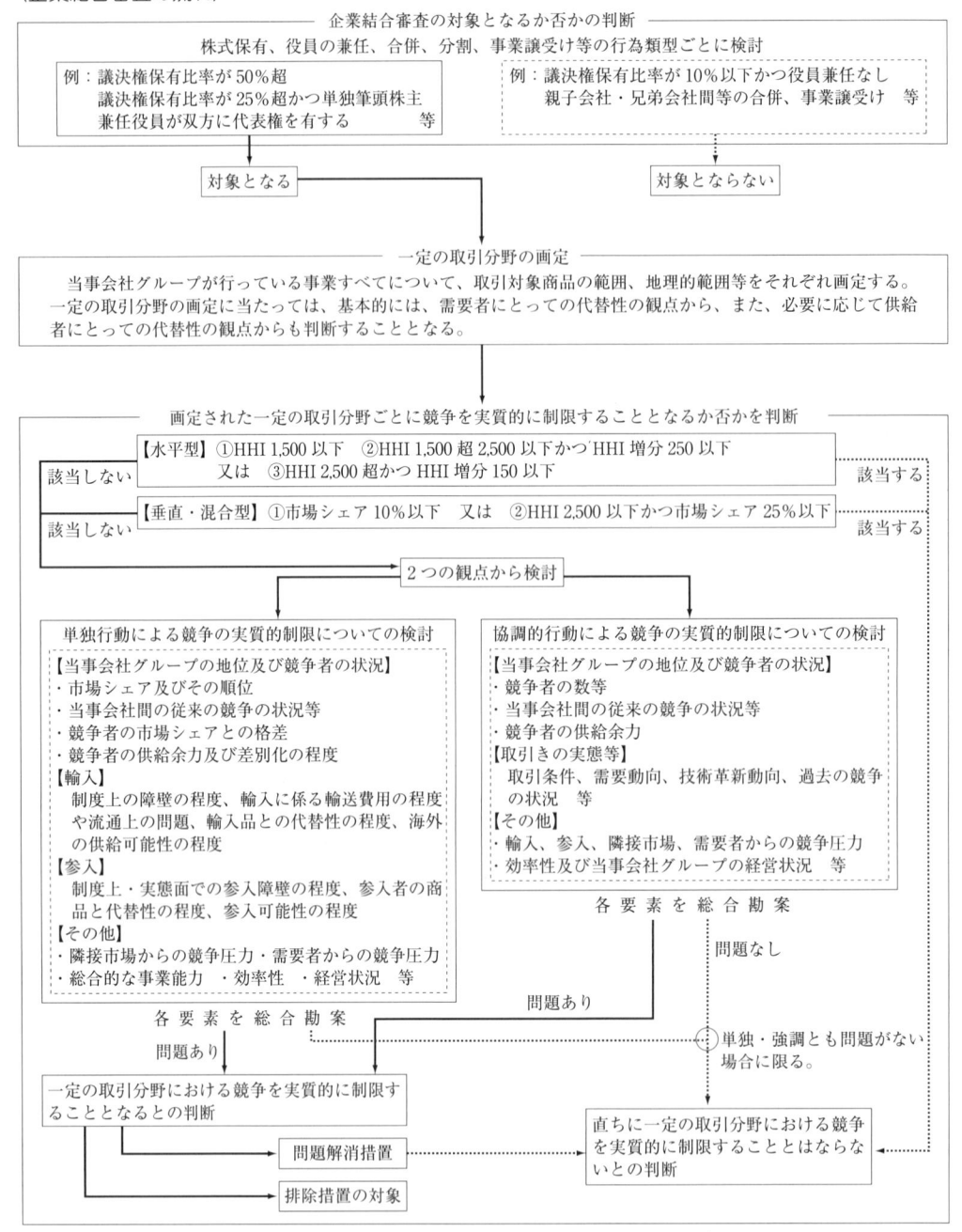

```
┌─────────── 企業結合審査の対象となるか否かの判断 ───────────┐
│    株式保有、役員の兼任、合併、分割、事業譲受け等の行為類型ごとに検討    │
│ ┌─────────────────────────┐ ┌─────────────────────────┐ │
│ │ 例：議決権保有比率が50%超              │ │ 例：議決権保有比率が10%以下かつ役員兼任なし │ │
│ │    議決権保有比率が25%超かつ単独筆頭株主  │ │    親子会社・兄弟会社間等の合併、事業譲受け 等 │ │
│ │    兼任役員が双方に代表権を有する  等    │ │                              │ │
│ └─────────────────────────┘ └─────────────────────────┘ │
└──────────────────────────────────────────────┘
           ↓ 対象となる              ↓ 対象とならない

┌─────────── 一定の取引分野の画定 ───────────┐
│ 当事会社グループが行っている事業すべてについて、取引対象商品の範囲、地理的範囲等をそれぞれ画定する。│
│ 一定の取引分野の画定に当たっては、基本的には、需要者にとっての代替性の観点から、また、必要に応じて供給│
│ 者にとっての代替性の観点からも判断することとなる。                                 │
└──────────────────────────────────────┘
                        ↓

┌─── 画定された一定の取引分野ごとに競争を実質的に制限することとなるか否かを判断 ───┐
│ 該当しない  【水平型】 ①HHI 1,500以下  ②HHI 1,500超 2,500以下かつHHI増分250以下   該当する │
│         又は ③HHI 2,500超かつHHI増分150以下                             │
│ 該当しない  【垂直・混合型】①市場シェア10%以下  又は  ②HHI 2,500以下かつ市場シェア25%以下  該当する │
└──────────────────────────────────────────────┘
                        ↓ 2つの観点から検討

┌─────────────────────────┐ ┌─────────────────────────┐
│ 単独行動による競争の実質的制限についての検討      │ │ 協調的行動による競争の実質的制限についての検討    │
│ 【当事会社グループの地位及び競争者の状況】        │ │ 【当事会社グループの地位及び競争者の状況】       │
│ ・市場シェア及びその順位                  │ │ ・競争者の数等                       │
│ ・当事会社間の従来の競争の状況等            │ │ ・当事会社間の従来の競争の状況等            │
│ ・競争者の市場シェアとの格差               │ │ ・競争者の供給余力                     │
│ ・競争者の供給余力及び差別化の程度           │ │ 【取引きの実態等】                     │
│ 【輸入】                              │ │ 取引条件、需要動向、技術革新動向、過去の競争   │
│ 制度上の障壁の程度、輸入に係る輸送費用の程度   │ │ の状況　等                           │
│ や流通上の問題、輸入品との代替性の程度、海外   │ │ 【その他】                            │
│ の供給可能性の程度                       │ │ ・輸入、参入、隣接市場、需要者からの競争圧力    │
│ 【参入】                              │ │ ・効率性及び当事会社グループの経営状況　等    │
│ 制度上・実態面での参入障壁の程度、参入者の商   │ └─────────────────────────┘
│ 品と代替性の程度、参入可能性の程度           │            ↓ 各要素を総合勘案
│ 【その他】                              │            ↓ 問題なし
│ ・隣接市場からの競争圧力・需要者からの競争圧力  │
│ ・総合的な事業能力 ・効率性 ・経営状況　等    │            ⊕ 単独・強調とも問題がない
└─────────────────────────┘              場合に限る。
          ↓ 各要素を総合勘案
          ↓ 問題あり
┌─────────────────────┐      ┌─────────────────────┐
│ 一定の取引分野における競争を実質的に制限す │      │ 直ちに一定の取引分野における競争 │
│ ることとなるとの判断                   │      │ を実質的に制限することとはならな │
└─────────────────────┘      │ いとの判断                  │
          ↓ 問題解消措置                      └─────────────────────┘
          ↓ 排除措置の対象
```

参考資料：公正取引委員会「企業結合審査に関する独占禁止法の運用指針」〈http://www.jftc.go.jp/ma/kigyo-gl.pdf〉

解説　独占禁止法は、会社の株式の取得もしくは所有、役員兼任、会社の合併が、一定の取引分野における競争を実質的に制限することとなる場合および不公正な取引方法による企業結合が行われる場合に、これを禁止している。禁止される企業結合については、排除措置が講じられることになる。

公正取引委員会は、企業結合が一定の取引分野における競争を実質的に制限することとなるか否かについての審査（企業結合審査）に関し、予見可能性を高めるために「企業結合審査に関する独占禁止法の運用指針」を公表している（平成16年5月31日策定、平成21年1月5日最終改定）。本流れはこの指針に沿ったものである。

（中村）

12 環境法

▶資料12-1　循環型社会形成推進基本法（抄）

（目的）第1条　この法律は、環境基本法（平成5年法律第91号）の基本理念にのっとり、循環型社会の形成について、基本原則を定め、並びに国、地方公共団体、事業者及び国民の責務を明らかにするとともに、循環型社会形成推進基本計画の策定その他循環型社会の形成に関する施策の基本となる事項を定めることにより、循環型社会の形成に関する施策を総合的かつ計画的に推進し、もって現在及び将来の国民の健康で文化的な生活の確保に寄与することを目的とする。
（定義）第2条　この法律において「循環型社会」とは、製品等が廃棄物等となることが抑制され、並びに製品等が循環資源となった場合においてはこれについて適正に循環的な利用が行われることが促進され、及び循環的な利用が行われない循環資源については適正な処分（廃棄物（廃棄物の処理及び清掃に関する法律（昭和45年法律第137号）第2条第1項に規定する廃棄物をいう。以下同じ。）としての処分をいう。以下同じ。）が確保され、もって天然資源の消費を抑制し、環境への負荷ができる限り低減される社会をいう。……
（循環型社会の形成）第3条　循環型社会の形成は、これに関する行動がその技術的及び経済的な可能性を踏まえつつ自主的かつ積極的に行われるようになることによって、環境への負荷の少ない健全な経済の発展を図りながら持続的に発展することができる社会の実現が推進されることを旨として、行われなければならない。……

解説　本法は、循環型社会の形成を推進する枠組みとなる法律として、平成12年6月2日に公布・施行された（同法の循環型社会形成推進基本計画に関する15条・16条は平成13年1月6日施行）。

同法により、廃棄物・リサイクル対策の基盤が確立されたことになるが、その背景には廃棄物の量が膨大であること、廃棄物処分場の確保が困難になっていること、などが指摘されていた。そこで、こういった廃棄物・リサイクル問題の解決のために、大量生産・大量消費・大量廃棄型の社会から、環境への負荷の少ない循環型社会を形成することにより打開すべく本法が制定されることとなったものである。

なお、関連法として、「国等による環境物品等の調達の推進等に関する法律（グリーン購入法）」、「使用済自動車の再資源化等に関する法律（自動車リサイクル法）」などがある。

（小針）

▶資料12-2　気候変動に関する国際連合枠組条約の京都議定書（抄）

第6条
1　附属書Ⅰに掲げる締約国は、第3条の規定に基づく約束を履行するため、次のことを条件として、経済のいずれかの部門において温室効果ガスの発生源による人為的な排出を削減又は吸収源による人為的な除去を強化することを目的とする事業から生ずる排出削減単位を他の附属書Ⅰに掲げる締約国に移転し又は他の附属書Ⅰに掲げる締約国から取得することができる。……
第12条
1　低排出型の開発の制度についてここに定める。
2　低排出型の開発の制度は、附属書Ⅰに掲げる締約国以外の締約国が持続可能な開発を達成し及び条約の究極的な目的に貢献することを支援すること並びに附属書Ⅰに掲げる締約国が第3条の規定に基づく排出の抑制及び削減に関する数量化された約束の遵守を達成することを支援することを目的とする。……
第17条
締約国会議は、排出量取引（特にその検証、報告及び責任）に関する原則、方法、規則及び指針を定める。附属書Bに掲げる締約国は、第3条の規定に基づく約束を履行するため、排出量取引に参加することができる。排出量取引は、同条の規定に基づく排出の抑制及び削減に関する数量化された約束を履行するための国内の行動に対して補足的なものとする。……
第25条
1　この議定書は、55以上の条約の締約国であって、附属書Ⅰに掲げる締約国の1990年における二酸化炭素の総排出量のうち少なくとも55パーセントを占める二酸化炭素を排出する附属書Ⅰに掲げる締約国を含むものが、批准書、受諾書、承認書又は加入書を寄託した日の後90日目の日に効力を生ずる。……

解説　いわゆる京都議定書は、地球温暖化の原因となる二酸化炭素などの温室効果ガスの濃度を安定化させることを目的としたものである。

1997年の第3回締約国会議において、温室効果ガスを1990年比で一定の数値を削減することが義務づけられた。たとえば、日本は6％、アメリカ7％、EU8％などであるが、これらには法的拘束がある。同議定書には、125国が批准したものの、アメリカが2001年に離脱したため、批准した先進国の二酸化炭素の排出量が1990年時点の55％以上なければならないという同議定書25条により同議定書は発効しなかった。しかし、ロシアが2004年11月に批准したことによって、2005年2月16日に同議定書は発効した。

同議定書においては、削減目標を達成するために、いわゆる京都メカニズムという3つの仕組みが導入された。す

なわち、①二酸化炭素排出削減などにつながる事業を互いに削減目標を有する先進国の間で実施する「共同実施」（同議定書6条）、②先進国の資金や技術支援により開発途上国における温室効果ガスの排出削減などにつながる事業を実施する「クリーン開発メカニズム（低排出型の開発の制度）」（同議定書12条）、③あらかじめ国ごとに排出できる汚染物質の量を権利として割り当てておき、その割当をこえて排出しようとする国が余裕のある国から排出権を購入し、地球全体として最も安い費用で汚染物質の排出を減らすという「排出権（枠）取引」（同議定書17条）である。

同議定書に対しては、温室効果ガスの排出大国であるアメリカの離脱といった問題だけではなく、領域内からの排出量が先進国を上回る中国やインドに排出量の削減義務がないといった問題なども指摘されている。　　　　　（小針）

▶資料12-3　バーゼル条約（有害廃棄物の国境を越える移動及びその処分の規制に関するバーゼル条約）（抄）

第4条　一般的義務
1　……
2　締約国は、次の目的のため、適当な措置をとる。
　(a)　社会的、技術的及び経済的側面を考慮して、国内における有害廃棄物及び他の廃棄物の発生を最小限度とすることを確保する。
　(b)　有害廃棄物及び他の廃棄物の環境上適正な処理のため、処分の場所のいかんを問わず、可能な限り国内にある適当な処分施設が利用できるようにすることを確保する。
　……
3　締約国は、有害廃棄物又は他の廃棄物の不法取引を犯罪性のあるものと認める。
4　締約国は、この条約の規定を実施するため、この条約の規定に違反する行為を防止し及び処罰するための措置を含む適当な法律上の措置、行政上の措置その他の措置をとる。
5　締約国は、有害廃棄物又は他の廃棄物を非締約国へ輸出し又は非締約国から輸入することを許可しない。……

出典：地球環境法研究会編『地球環境条約集〔第4版〕』中央法規出版、2003年

解説　1980年代、ヨーロッパ諸国からの廃棄物がアフリカの開発途上国に放置されるといった有害廃棄物の国境を越えた移動による環境汚染という問題が生じた。1983年3月、スイスのバーゼルにおいて、一定の有害廃棄物の国境を越える移動などの規制につき国際的な枠組み、および手続などを規定した本条約が作成され、1992年5月5日効力が発生した。本条約には以下のようなことなどが規定されている。

締約国は、国内における廃棄物の発生を最小限度に抑え、可能な限り国内の処分施設が利用できるようにすること（4条2項の(a)(b)）。廃棄物の不法取引を犯罪性のあるものと認め、本条約に違反する行為を防止し、処罰するための措置などをとること（4条3項・4項）。非締約国との廃棄物の輸出入を原則禁止とすること（4条5項）。　（小針）

▶資料12-4　ワシントン条約（絶滅のおそれのある野生動植物の種の国際取引に関する条約）（抄）

第1条　定義　この条約の適用上、文脈によつて別に解釈される場合を除くほか、
　(a)　「種」とは、種若しくは亜種又は種若しくは亜種に係る地理的に隔離された個体群をいう。
　(b)　「標本」とは、次のものをいう。
　　(i)　生死の別を問わず動物又は植物の個体
　　(ii)　動物にあつては、附属書Ⅰ若しくは附属書Ⅱに掲げる種の個体の部分若しくは派生物であつて容易に識別することができるもの、又は附属書Ⅲに掲げる種の個体の部分若しくは派生物であつて容易に識別することができるもののうちそれぞれの種について附属書Ⅲにより特定されるもの
　　(iii)　植物にあつては、附属書Ⅰに掲げる種の個体の部分若しくは派生物であつて容易に識別することができるもの、又は附属書Ⅱ若しくは附属書Ⅲに掲げる種の個体の部分若しくは派生物であつて容易に識別することができるもののうちそれぞれの種について附属書Ⅱ若しくは附属書Ⅲにより特定されるもの
　(c)　「取引」とは、輸出、再輸出、輸入又は海からの持込みをいう。……
第2条　基本原則
　1　附属書Ⅰには、絶滅のおそれのある種であつて取引による影響を受けており又は受けることのあるものを掲げる。これらの種の標本の取引は、これらの種の存続を更に脅かすことのないよう特に厳重に規制するものとし、取引が認められるのは、例外的な場合に限る。……

出典：地球環境法研究会編『地球環境条約集〔第4版〕』中央法規出版、2003年

解説　本条約は正式にはConvention on International Trade in Endangered Species of Wild Fauna and Floraと称されるもので、CITESと略称される。本条約は、種の存続が脅かされることがないように、輸出国と輸入国が協力し、国際的な取引を規制することによりこれらの動植物の保護を図るものである。国際取引が規制されるものには、動植物の種の生体だけではなく、死体や剥製、毛皮、骨、牙、角などの生体の一部およびそれらの製品も含まれる。

1973年3月に本条約がアメリカのワシントンDCで採択され、1975年7月1日に発効した。我が国は、1980年11月4日に締約国となったが、その基本的な立場は、「持続可能な利用」すなわち、開発行為や資源の利用と生態系や環境の保全を調和させるといったものとされる。（小針）

▶資料12-5　ラムサール条約（特に水鳥の生息地として国際的に重要な湿地に関する条約）（抄）

第1条［定義］
1　この条約の適用上、湿地とは、天然のものであるか人工のものであるか、永続的なものであるか一時的なものであるかを問わず、更には水が滞っているか流れているか、淡水であるか汽水であるか鹹水であるかを問わず、沼沢地、湿原、泥炭地又は水域をいい、低潮時における水深が6メートルを超えない海域を含む。
2　この条約の適用上、水鳥とは、生態学上湿地に依存している鳥類をいう。……
第4条［湿地の管理］
1　各締約国は、湿地が登録簿に掲げられているかどうかにかかわらず、湿地に自然保護区を設けることにより湿地及び水鳥の保全を促進し、かつ、その自然保護区の監視を十分に行う。……

出典：地球環境法研究会編『地球環境条約集〔第4版〕』中央法規出版、2003年

解説　本条約は、1971年にイランのラムサールにおいて開催された国際会議で、湿地の生態系の保護を目的に採択され、1975年に発効したものである。沼沢地や湿地などに生息する水鳥の多くは渡り鳥であるため、水鳥の保護と湿地の保全のためには国際的な協力が不可欠であることが認識されるようになっていたのである。我が国は、1980年に加入し、事務局を釧路市に置いた。同条約の締約国は、自国の領域内にある国際的に重要な湿地を登録することが要求される。

我が国の登録湿地としては、釧路湿原（北海道、1980年6月17日登録）、谷津干潟（千葉県、1993年6月10日登録）、藤前干潟（愛知県、2002年11月18日登録）、尾瀬（福島県・群馬県・新潟県、2005年11月8日登録）などがある。
(小針)

参考文献　（小針）

磯崎博司『国際環境法―持続可能な地球社会の国際法』信山社、2000年
臼杵知史「京都議定書の遵守手続―遵守確保の方法を中心に」『同志社法学』323号1頁、2007年
清野一治・新保一成『地球環境保護への制度設計』東京大学出版会、2007年
大塚直『環境法〔第2版〕』有斐閣、2006年
小寺彰ほか編『講義国際法』有斐閣、2004年
児矢野マリ『国際環境法における事前協議制度―執行手段としての機能の展開』有信堂高文社、2006年
阪口功『地球環境ガバナンスとレジームの発展プロセス―ワシントン条約とNGO・国家』国際書院、2006年
杉原高嶺ほか『現代国際法講義〔第4版〕』有斐閣、2007年
髙村ゆかり・亀山康子編『京都議定書の国際制度』信山社、2002年
寺西俊一「地球環境保全と国際環境協力」『都市問題』99巻3号44頁、2008年
パトリシア・バーニー／アラン・ボイル著　池島大策ほか訳『国際環境法』慶應義塾大学出版会、2007年
深津功二「EUの排出量取引制度―日本の国内排出量取引制度の参考として」『NBL』877号24頁、2008年
松村弓彦ほか『ロースクール環境法〔補訂版〕』成文堂、2007年
森田清隆「地球温暖化問題を巡る国際的諸課題」『国際商事法務』36巻4号437頁、2008年

13 知的財産法

▶資料13-1　特許出願の手続

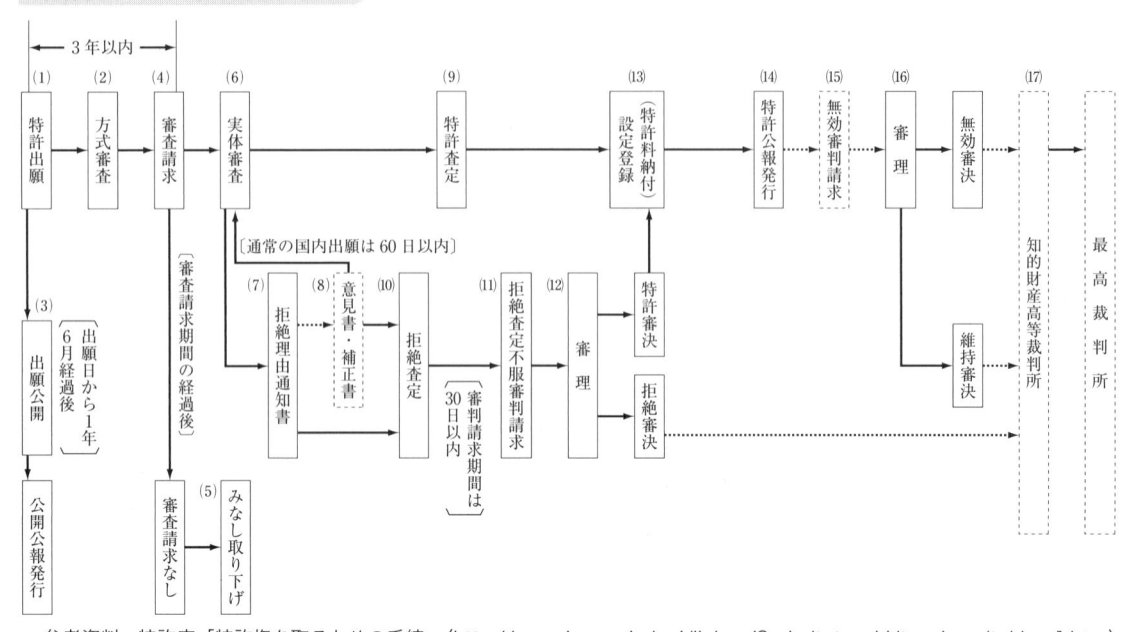

```
(1)特許出願 →[3年以内]→ (2)方式審査 → (4)審査請求 → (6)実体審査 → (9)特許査定 → (13)設定登録(特許料納付) → (14)特許公報発行 → (15)無効審判請求 → (16)審理 → 無効審決／維持審決 → (17)知的財産高等裁判所 → 最高裁判所
```

(3)出願日から1年6月経過後 → 出願公開 → 公開公報発行

審査請求期間の経過後 → 審査請求なし → (5)みなし取り下げ

(通常の国内出願は60日以内)
(7)拒絶理由通知書 → (8)意見書・補正書 → (10)拒絶査定 → (11)拒絶査定不服審判請求（30日以内）→ (12)審理 → 特許審決／拒絶審決

参考資料：特許庁「特許権を取るための手続」〈http://www.jpo.go.jp/cgi/link.cgi?url=/tetuzuki/t_gaiyou/tokkyo1.htm〉

解説　(1)発明者が発明についての独占的権利である特許権を取得するには、所定の書類をもって特許庁に特許出願することが必要である。(2)提出された出願書類は、まず方式審査を受ける。(3)書類が整っていない、必要項目が記載されていない等の場合は、補正命令が発せられる。出願日から1年6月が経過すると、発明の内容は公開公報によって公開される。(4)特許出願されたものは、すべてが実体審査されるわけではなく、出願人または第三者が審査請求料を払って出願審査の請求があったものだけが審査される。(5)この請求を審査請求といい、出願から3年以内であれば、いつでも誰でも行うことができる。なお、出願から3年以内に審査請求のない出願は、取り下げられたものとみなされ、以後権利化できなくなる。

(6)特許の実体審査は、特許庁の審査官によって行われる。審査官は、出願された発明が特許されるべきものか否かを判断する。そこでは、①自然法則を利用した技術思想か、②産業上利用できるか、③出願前にその技術思想はなかったか、④いわゆる当業者（その技術分野のことを理解している人）が容易に発明をすることができたものでないか、⑤他人よりも早く出願したか、⑥公序良俗に違反していないか、⑦明細書の記載は規程どおりかといった、拒絶理由がないかどうかが調べられる。

(7)審査官が拒絶理由を発見した場合は、拒絶理由通知書が送付される。(8)出願人は、拒絶理由通知書に対する反論を意見書として提出したり、特許請求の範囲や明細書等を補正することにより拒絶理由が解消される場合には、その旨の補正書を提出する機会が与えられる。(9)審査の結果、審査官が拒絶理由を発見しなかった場合は、特許すべき旨の査定が行われる。(10)意見書や補正書によって拒絶理由が解消した場合にも特許査定となる。意見書や補正書をみても拒絶理由が解消されておらず、特許できないと審査官が判断したときは、拒絶をすべき旨の査定が行われる。(11)出願人が拒絶査定に不服があるときは、拒絶査定不服審判を請求することができる。(12)その審理は、3人または5人の審判官の合議によって行われる。審理の結果、拒絶理由が解消したと判断される場合には特許審決が行われ、拒絶理由が解消せず特許できないと判断される場合には、拒絶審決が行われる。

(13)特許査定がされた出願について、出願人が特許料を納めると、設定登録となり、特許原簿に登録され特許権が発生する。(14)特許権の設定登録後、特許証書が出願人に送られる。設定登録され発生した特許権は、その内容が特許公報に掲載される。(15)特許権が設定登録された後でも無効理由がある場合は、何人も無効審判請求することができる。(16)無効審判請求の審理は、3人または5人の審判官の合議によって行われる。(17)審理の結果、特許に無効理由がないと判断された場合は、特許の維持の審決が行われる。一方、特許に無効理由があると判断された場合は、

特許無効の審決が行われる。拒絶査定不服審判の拒絶審決に対して不服がある出願人、特許無効審判の審決に対して不服がある当事者は、知的財産高等裁判所に出訴することができる。

(工藤)

▶資料13-2　パテントマップ

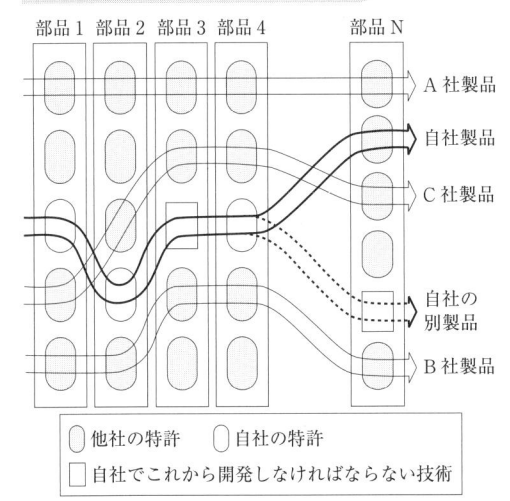

部品1　部品2　部品3　部品4　部品N

→ A社製品
→ 自社製品
→ C社製品
→ 自社の別製品
→ B社製品

○ 他社の特許　　○ 自社の特許
□ 自社でこれから開発しなければならない技術

出典：富田徹男・豊田正雄『ベンチャービジネスと特許戦略』ダイヤモンド社、1996年

解　説　パテントマップ（patent map）とは、特許技術情報を特定の目的に応じて抽出・加工し、視覚的に把握しやすいよう図表などに整理したものをいう。研究開発を効率的に行うためには、他社の技術開発動向を把握し、重複研究を避けることが必要である。そこで、特許公報、特許公開公報などから必要な情報を取り出し利用するわけである。

パテントマップには、特許権侵害を防ぐ意味もある。新規の製品販売にあたっては、他社の特許権の侵害にならないように注意しなければならないが、パテントマップを作成することにより、製造工程における「穴あき領域」つまり未開発技術を見出すことができ、それらを利用することによって得られた製品は、新規性を有すると考えられるのである。

(工藤)

▶資料13-3　著作者の権利

1. 著作物の種類		
著作物		言語の著作物、音楽の著作物、舞踊、無言の著作物、美術の著作物、建築の著作物、地図、図形の著作物、映画の著作物、写真の著作物、プログラムの著作物
二次的著作物		上記著作物（原著作物）を翻訳、編曲、変形、翻案し作成したもの
編集著作物		百科事典、辞書、新聞、雑誌、詩集など
データベースの著作物		編集著作物のうち、コンピュータで検索できるもの
2. 著作者の範囲		
著作者		著作物を創作した者（共同著作物については、共同で創作に寄与した者全員が一つの著作物の著作者となる）
法人著作（職務著作）		次の要件を満たす場合には、法人等が著作者となる。①法人等の発意に基づくこと　②法人等の業務に従事する者が職務上作成すること　③法人等が自己の名義で公表すること　④作成時の契約、勤務規則に別段の定めがないこと
3. 著作者の権利		
著作者人格権	公表権	自分の著作物で、まだ公表されていないものを公表するかしないか、するとすれば、いつ、いかなる方法で公表するかを決めることができる権利
	氏名表示権	自分の著作物を公表するときに、著作者名を表示するかしないか、するとすれば、実名か変名かを決めることができる権利
	同一性保持権	自分の著作物の内容又は題号を自分の意に反して勝手に改変されない権利
著作財産権	複製権	著作物を印刷、写真、複写、録音、録画等の方法によって有形的に再製する権利
	上演権・演奏権	著作物を公に上演したり演奏したりする権利
	上映権	著作物を公に上映する権利
	公衆送信権・伝達権	著作物を自動公衆送信したり（サーバーに蓄積されたデータを公衆からのアクセスにより自動的に送信すること）、放送したり、有線放送したり、または、それらの公衆送信された著作物を受信装置を使って公に伝達する権利
	口述権	著作物を朗読などの方法により、口頭で公に伝える権利
	頒布権	映画の著作物の複製物を頒布（販売・貸与など）する権利
	譲渡権	映画以外の著作物の原作品又は複製物を公衆へ譲渡する権利
	貸与権	映画以外の著作物の複製物を公衆へ譲渡する権利
	翻訳権・翻案権	著作物を翻訳、編曲、変形、翻案する権利（二次的著作物を製作することに及ぶ権利）
	二次的著作物利用権	自分の著作物を原作品とする二次的著作物を利用（上記の各種に係る行為）することについて、二次的著作物の著作権者が持つものと同じ権利
4. 著作隣接権		
実演家の権利（著作隣接権の保護期間：実演が行われたときから50年）		
	氏名表示権	実演家を表示するかしないかを決めることができる権利
	同一性保持権	実演家の名誉・声望を害するおそれのある改変をさせない権利
	録音権・録画権	自分の実演を録音・録画する権利
	放送権・有線放送権	自分の実演を放送・有線放送する権利
	商業用レコードの二次的使用料を受ける権利	商業用レコード（市販用のコンパクトディスクなどのこと）が放送や有線放送で使用された場合の使用料（二次使用料）を、放送事業者や有線放送事業者から受ける権利
	譲渡権	自分の実演が固定された録音物等を公衆へ譲渡する行為

	貸与権など	商業用レコードを貸与する権利（最初に販売された日から1年に限る） 1年を経過した商業用レコードが貸与された場合に、貸レコード業者から報酬を受ける権利
	送信可能化権	インターネットのホームページなどを用いて、公衆からの求めに応じて自動的に送信できるようにする権利
レコード著作者の権利（著作隣接権の保護期間：レコードの発行〔発売〕が行われたときから50年）		
	複製権	レコードを複製する権利
	商業用レコードの二次使用料を受ける権利	実演家の場合に同じ
	譲渡権	レコードの複製物を公衆へ譲渡する権利
	貸与権など	実演家の場合に同じ
	送信可能化権	実演家の場合に同じ
放送事業者・有線放送事業者の権利（著作隣接権の保護期間：放送又は有線放送が行われたときから50年）		
	複製権	放送を録音・録画及び写真的方法により複製する権利
	再放送権・有線放送権	放送を受信して再送したり、有線放送したりする権利
	テレビジョン放送の伝達権	テレビジョン放送を受信して画面を拡大する装置（超大型テレビや壁面のディスプレイ装置など）で、公に伝達する権利
	送信可能化権	実演家の場合に同じ

参考資料：著作権情報センター「はじめての著作権講座2008」〈http://www.cric.or.jp/qa/pdf/hajimete08.pdf〉

解説 文芸、学術、美術、音楽など、人間の思想、感情を創作的に表現したものを著作物という。こうした文化的な創作物は、著作権法で法的に保護されている。著作物を創作した人を著作者という。著作者は、その人格的な利益を保護される著作者人格権と、財産的な利益を保護される著作財産権の2つを有する。著作者人格権は、著作者だけがもっている権利で、譲渡したり、相続したりすることはできない。一方、著作財産権は、その一部または全部を譲渡したり相続したりできる。著作権の保護期間は、原則として著作者が著作物を創作した時点から著作者の死後50年までである。著作物の創作者ではないが、著作物の伝達に重要な役割を果たしている実演家、レコード製作者、放送事業者、有線放送事業者には著作隣接権が認められ、著作者に準じた保護が与えられる。

（工藤）

▶資料13-4 著作権に関する国際条約

著作権条約
(2008年3月現在)

	ベルヌ条約	万国著作権条約
創設年度	1886年	1952年
加入国数	163（我が国の加入年、1899年）	100（我が国の加入年、1956年）
正式名称	文学的及び美術的著作物の保護に関するベルヌ条約	万国著作権条約
特色	内国民待遇	内国民待遇
	無方式主義	無方式主義国の著作物であっても©表示により方式主義国でも保護
	遡及効	不遡及
	条約上保護すべき著作物＝同盟国の国民の著作物及び同盟国で最初に発行された著作物	条約上保護すべき著作物＝締約国の国民の著作物及び締約国で最初に発行された著作物
	最低保護期間＝死後50年	最低保護期間＝死後25年

著作隣接権条約
(2008年3月現在)

	実演家等保護条約	レコード保護条約
創設年度	1961年	1971年
加入国数	86（我が国の加入年、1989年）	76（我が国の加入年、1978年）
正式名称	実演家、レコード製作者及び放送機関の保護に関する国際条約	許諾を得ないレコードの複製からのレコード製作者の保護に関する条約

著作権・著作隣接権関係条約
(2008年3月現在)

	TRIPS協定	WIPO著作権条約	WIPO実演・レコード条約
創設年度	1994年	1996年	1996年
加入国数	151（我が国の加入年、1994年）	64（我が国の加入年、2000年）	62（我が国の加入年、2002年）
正式名称	知的所有権の貿易関連の側面に関する協定	著作権に関する世界知的所有権機関条約	実演及びレコードに関する世界知的所有権機関条約
特色	ベルヌ条約の規定する保護内容を遵守 コンピュータ・プログラム及びデータベースの著作権による保護 コンピュータ・プログラム、映画及びレコード製作者の貸与に関する権利の付与 実演家、レコード製作者及び放送事業者の保護	コンピュータ・プログラムの保護 著作物以外のもので構成される編集物・データベースの保護 譲渡権 公衆への伝達権 写真の著作物の保護期間の拡大（死後50年以上） コピープロテクション解除等の禁止 権利管理情報の改変等の禁止	実演家の人格権（生の音の実演・レコードに録音された実演） 実演家の生演奏に係る複製権、放送権、公衆への伝達権 レコードに係る実演家・レコード製作者の経済的権利 コピープロテクション解除等の禁止 権利管理情報の改変等の禁止

参考資料：著作権情報センター「はじめての著作権講座2008 外国の著作物の保護は？」〈http://www.cric.or.jp/qa/hajime/hajime5.html〉

解説 著作権は、属地主義の原則に服する。すなわち、各国毎に著作権法が作られ、その要件を満たしたものについて権利者は保護される。権利関係の解釈も、当然各国法に従い各国の裁判所が行う。もっとも、各国の著作権法の基本的な内容は上記のような条約によって相当程度統一され、国際的な著作権保護がなされている。

従来から、著作権は「ベルヌ条約」と「万国著作権条約」により、著作隣接権は「実演家等保護条約」と「レコード保護条約」により、それぞれ保護されてきた。我が国はいずれの条約にも加入しており、世界の大半の国と保護関係がある。

また、1994年には、WTO（世界貿易機関）設立協定が成立し翌年から発効しているが、この附属書として、「TRIPS協定（知的所有権の貿易関連の側面に関する協定）」が添付されている。この協定は、知的財産権の国際的保護のため手段などを規定しており、著作権と著作隣接権とのいずれも対象にしている。我が国は、1994年にこれに加盟している。

さらに、1996年に、WIPO（世界知的所有権機関）において、デジタル化・ネットワーク化の進展に対応した著作権保護のための新たな枠組みとして、「WIPO著作権条約」および「WIPO実演・レコード条約」の2つの条約が策定された。我が国は、2000年に「WIPO著作権条約」に、2002年「WIPO実演・レコード条約」に、それぞれ加入している。

（工藤）

14 国　際　法

▶資料 14 - 1　排他的経済水域と大陸棚の立体図

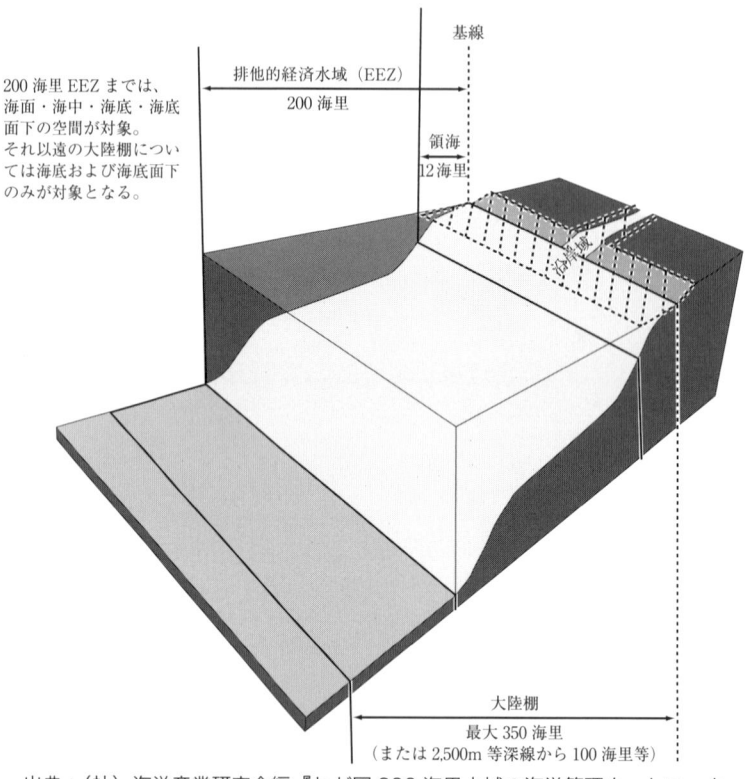

200 海里 EEZ までは、海面・海中・海底・海底面下の空間が対象。それ以遠の大陸棚については海底および海底面下のみが対象となる。

基線
排他的経済水域（EEZ）200 海里
領海 12 海里
大陸棚　最大 350 海里（または 2,500m 等深線から 100 海里等）

出典：（社）海洋産業研究会編『わが国 200 海里水域の海洋管理ネットワーク構築に関する研究報告書』2002 年、図 2-1、日本財団図書館〈http://nippon.zaidan.info/seikabutsu/2002/00792/contents/016.htm〉を改変

解説　海洋と陸地の比率は、7 対 3 といわれる。この広大な海洋に対し、沿岸国は徐々に諸国の実行を通じて、自国の安全や利益を保護すべく一定範囲の海域を領海とし、それ以外の海域を公海として諸国の自由な使用のために開放するようになった。こうして領海と公海という二元的な海洋区分が国際慣習法として確立していった。1930 年以降、一様でなくなってきた領海の幅員を国際的に統一しようという動きもあったが、諸国の思惑も様々なため長く成功しなかった。ようやく国連海洋法条約（1982 年）が採択されて、領海は 12 海里（約 22 km）となった。ただし同条約は、従来の公海制度とは別に、沿岸国から 200 海里（約 370 km）までの海域を排他的経済水域、沿岸から最大 350 海里（約 560 km）までの海底を大陸棚とした。こうして公海は排他的経済水域の外側となった。排他的経済水域と大陸棚には、生物資源と非生物資源に限定される主権を行使できるという意味で沿岸国に「主権的権利」が与えられる。この権利の内容は、最近の国際社会の動向を受け質的に変化する可能性もあり、その動きは見逃せない。

参考文献　栗林忠男・秋山昌広編『海の国際秩序と海洋政策』東信堂、2006 年
島田征夫・林司宣編『海洋法テキストブック』有信堂高文社、2005 年
高林秀雄『国連海洋法条約の成果と課題』東信堂、1996 年
水上千之『排他的経済水域』有信堂高文社、2006 年
山本草二『海洋法』三省堂、1992 年
　　　　　　　　　　　　　　　　　　　　　（中田）

資料14-2 国際連合憲章

署名　1945年6月26日（サン・フランシスコ）
効力発生　1945年10月24日
改正　1965年8月31日〔63年12月17日総会決議〕
　　　1968年6月12日〔65年12月20日総会決議〕
　　　1973年9月24日〔71年12月20日総会決議〕
日本国　1952年6月4日国会承認、6月23日加盟申請、56年12月18日発効、12月19日公布（条約26号）

われら連合国の人民は、
われらの一生のうちに二度まで言語に絶する悲哀を人類に与えた戦争の惨害から将来の世代を救い、
基本的人権と人間の尊厳及び価値と男女及び大小各国の同権とに関する信念をあらためて確認し、
正義と条約その他の国際法の源泉から生ずる義務の尊重とを維持することができる条件を確立し、
一層大きな自由の中で社会的進歩と生活水準の向上とを促進すること
並びに、このために、
寛容を実行し、且つ、善良な隣人として互に平和に生活し、
国際の平和及び安全を維持するためにわれらの力を合わせ、
共同の利益の場合を除く外は武力を用いないことを原則の受諾と方法の設定によって確保し、
すべての人民の経済的及び社会的発達を促進するために国際機構を用いることを決意して、
これらの目的を達成するために、われらの努力を結集することに決定した。
よって、われらの各自の政府は、サン・フランシスコ市に会合し、全権委任状を示してそれが良好妥当であると認められた代表者を通じて、この国際連合憲章に同意したので、ここに国際連合という国際機関を設ける。

第1章　目的及び原則
第1条〔国連の目的〕　国際連合の目的は、次のとおりである。
1　国際の平和及び安全を維持すること。そのために、平和に対する脅威の防止及び除去と侵略行為その他の平和の破壊の鎮圧とのため有効な集団的措置をとること並びに平和を破壊するに至る虞のある国際的の紛争又は事態の調整又は解決を平和的手段によって且つ正義及び国際法の原則に従って実現すること。
2　人民の同権及び自決の原則の尊重に基礎をおく諸国間の友好関係を発展させること並びに世界平和を強化するために他の適当な措置をとること。
3　経済的、社会的、文化的又は人道的性質を有する国際問題を解決することについて、並びに人種、性、言語又は宗教による差別なくすべての者のために人権及び基本的自由を尊重するように助長奨励することについて、国際協力を達成すること。
4　これらの共通の目的の達成に当って諸国の行動を調和するための中心となること。
第2条〔行動の原則〕　この機構及びその加盟国は、第1条に掲げる目的を達成するに当っては、次の原則に従って行動しなければならない。
1　この機構は、そのすべての加盟国の主権平等の原則に基礎をおいている。
2　すべての加盟国は、加盟国の地位から生ずる権利及び利益を加盟国のすべてに保障するために、この憲章に従って負っている義務を誠実に履行しなければならない。
3　すべての加盟国は、その国際紛争を平和的手段によって国際の平和及び安全並びに正義を危うくしないように解決しなければならない。
4　すべての加盟国は、その国際関係において、武力による威嚇又は武力の行使を、いかなる国の領土保全又は政治的独立に対するものも、また、国際連合の目的と両立しない他のいかなる方法によるものも慎まなければならない。
5　すべての加盟国は、国際連合がこの憲章に従ってとるいかなる行動についても国際連合にあらゆる援助を与え、且つ、国際連合の防止行動又は強制行動の対象となっているいかなる国に対しても援助の供与を慎まなければならない。
6　この機構は、国際連合加盟国でない国が、国際の平和及び安全の維持に必要な限り、これらの原則に従って行動することを確保しなければならない。
7　この憲章のいかなる規定も、本質上いずれかの国の国内管轄権内にある事項に干渉する権限を国際連合に与えるものではなく、また、その事項をこの憲章に基く解決に付託することを加盟国に要求するものでもない。但し、この原則は、第7条に基く強制措置の適用を妨げるものではない。

第5章　安全保障理事会
第24条〔平和と安全の維持〕
1　国際連合の迅速且つ有効な行動を確保するために、国際連合加盟国は、国際の平和及び安全の維持に関する主要な責任を安全保障理事会に負わせるものとし、且つ、安全保障理事会がこの責任に基く義務を果すに当って加盟国に代わって行動することに同意する。
2　前記の義務を果すに当っては、安全保障理事会は、国際連合の目的及び原則に従って行動しなければならない。この義務を果すために安全保障理事会に与えられる特定の権限は、第6章、第7章、第8章及び第12章で定める。
3　安全保障理事会は、年次報告を、また、必要があるときは特別報告を総会に審議のため提出しなければならない。
第25条〔決定の拘束力〕　国際連合加盟国は、安全保障理事会の決定をこの憲章に従って受諾し且つ履行することに同意する。
第27条〔表決手続〕
1　安全保障理事会の各理事国は、一個の投票権を有する。
2　手続事項に関する安全保障理事会の決定は、9理事国の賛成投票によって行われる。
3　その他のすべての事項に関する安全保障理事会の決定は、常任理事国の同意投票を含む9理事国の賛成投票によって行われる。但し、第6章及び第52条3に基く決定については、紛争当事国は、投票を棄権しなければならない。

出典：広部和也・杉原高嶺編『解説条約集』三省堂、2009年

解説 第二次世界大戦が終了する僅か前に、戦後の新しい平和機構の構想は合意されていた。その合意を基礎にして1945年6月26日にサン・フランシスコで原加盟国51カ国により署名されたのが国際連合憲章である。日本は、単独講和で1952年に対日平和条約発効をもって主権を回復して間もなく国連加盟を申請したが、ソ連の拒否によって加盟できなかった。しかし1956年になって日ソ共同宣言が発効したので、同年12月18日付で国連加盟国となった。同憲章は、全19章、111条からなる。国連の目的は前文と第1章1条に顕著であるが、特に重要なのは第2条4項の武力不行使原則である。戦争のみならず武力による威嚇または武力の行使自体が禁止されたことに画期的な意義がある。同原則が国際慣習法であることは、国連総会決議である友好関係原則宣言などでも示されたこともあわせて、1986年に国際司法裁判所によって判示されている。第5章は安全保障理事会の章であるが、安保理は国際の平和と安全の維持について主要な責任を負う機関である。総会と異なり多数決ではなく、非手続事項については、常任理事国（米英中仏露）のうち1カ国でも反対すれば決議は成立しないので（27条）、拒否権（veto）と呼ばれる。2008年2月現在、192カ国が加盟する国連においては、これまで構築してきた様々な内外における法関係の総体を国連法と呼ぶこともある。

参考文献 秋月弘子『国連法序説—国連総会の自立的補助機関の法主体性に関する研究』国際書院、1999年
藤田久一『国連法』東京大学出版会、1998年
最上敏樹『国連とアメリカ』岩波新書、2005年
最上敏樹『国際立憲主義の時代』岩波書店、2007年（中田）

▶資料14-3 主権国家判断の相対化機関

（1）欧州

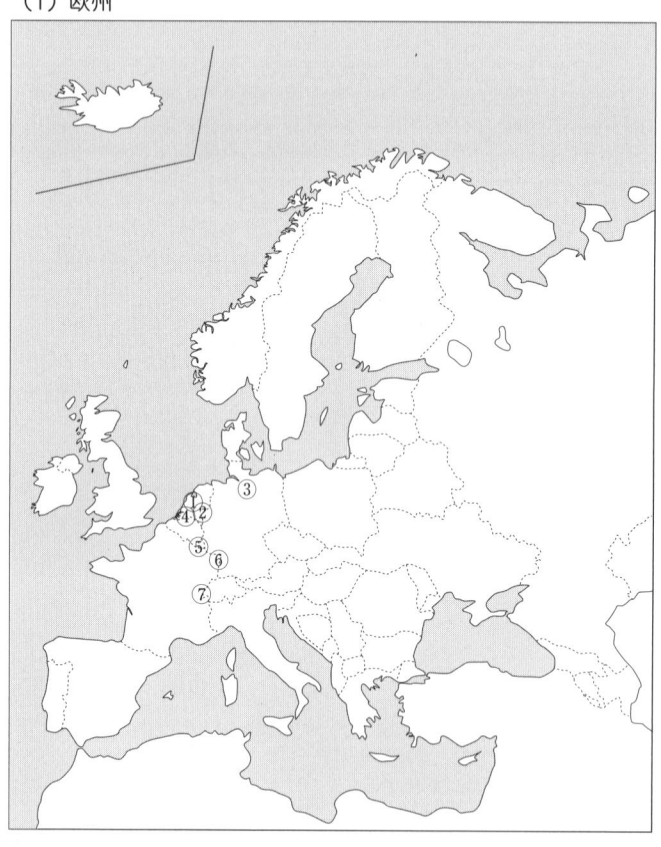

①国際司法裁判所（オランダ、ハーグ、1946年〜）⟨http://www.icj-cij.org/⟩
②国際刑事裁判所（オランダ、ハーグ、2003年〜）⟨http://www.icc-cpi.int/⟩
③国際海洋法裁判所（ドイツ、ハンブルク、1996年〜）⟨http://www.itlos.org/⟩
④旧ユーゴスラヴィア国際戦犯法廷（オランダ、ハーグ、1993年〜）⟨http://www.icty.org/⟩
⑤欧州共同体司法裁判所（ルクセンブルグ、1852年〜）⟨http://curia.europa.eu/en/transitpage.htm⟩
⑥欧州人権裁判所（フランス、ストラスブール、1959年〜）⟨http://www.echr.coe.int/echr/⟩
⑦世界貿易機関（スイス、ジュネーヴ、1995年〜）⟨http://www.wto.org/⟩

(2) 世界

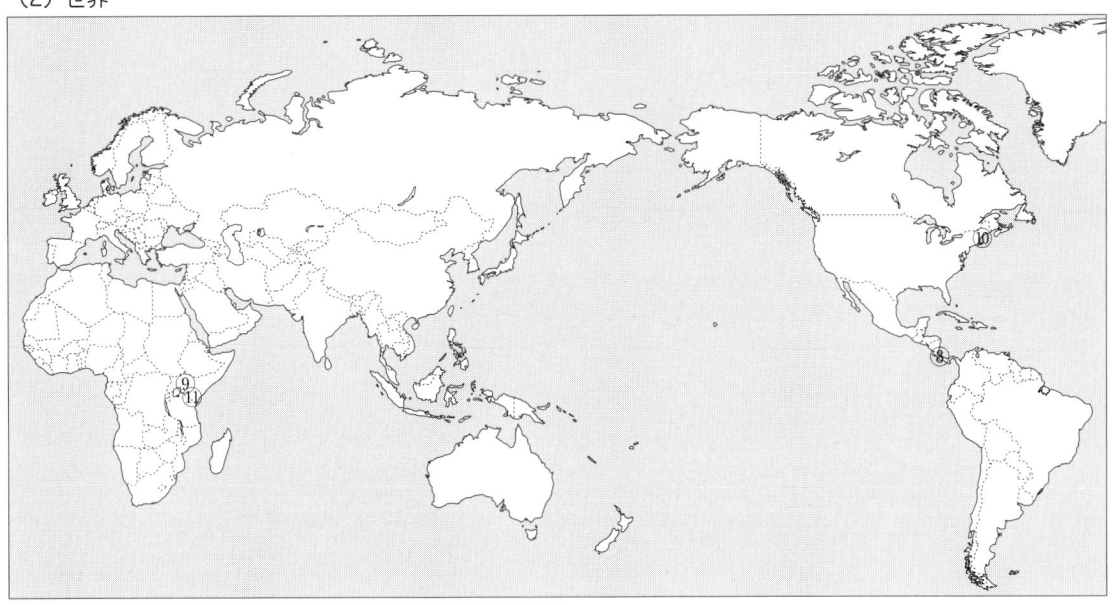

⑧米州人権裁判所（コスタリカ、サンホセ、1978年～）〈http://www.corteidh.or.cr/〉
⑨アフリカ人権裁判所（タンザニア、アルーシャ、2006年～）
⑩国際投資紛争解決センター（ワシントンD.C. 1968年～）〈http://icsid.worldbank.org/ICSID/Index.jsp〉
⑪ルワンダ国際刑事法廷（タンザニア、アルーシャ、1994年～）〈http://69.94.11.53/〉

解説 主権国家間の紛争を法的に解決する機関は、国際司法裁判所が主なものであった。近年、主権国家間の法的紛争が複雑かつ多様になってくるなかで、国際司法裁判所以外の機関でもそうした場が増えてきている。これらのなかには、従来の国際司法裁判所提訴の際に必要な付託合意（compromis）の考え方とは別の手続をとっているものもある。特にWTOはその紛争解決手続が従来の司法的手続に類似した特色をもっているため、準司法化機関などとも呼ばれる。国際社会における重大な人権侵害について、最近になっていくつかの常設または特別な（*ad hoc*）国際裁判が行われる動きも注目に値する。これら諸機関は、それを利用する国家が恣意的に選定する可能性があると危惧する声もある。

(中田)

監 修 者

茂野　隆晴（しげの・たかはる）

元山梨学院大学法学部長、日本大学・駒澤大学・武蔵野学院大学大学院講師
執筆分担：資料 2-1～2-7・4-1

編集委員（執筆順）

末澤　国彦（すえざわ・くにひこ）

日本大学・東京都市大学講師
執筆分担：資料 1-1～1-3

高須　則行（たかす・のりゆき）

日本大学講師
執筆分担：資料 1-4・1-5

大久保　輝（おおくぼ・てる）

中央学院大学専任講師
執筆分担：資料 1-6・1-7

槇　裕輔（まき・ゆうすけ）

東京国際大学・国士舘大学講師
執筆分担：資料 2-8～2-14

根本　晋一（ねもと・しんいち）

日本大学准教授
執筆分担：資料 3-1～3-7

鷄徳　啓登（けいとく・ひろとう）

駒澤大学・東京医科歯科大学講師
執筆分担：資料 4-2～4-5

新田　浩司（にった・ひろし）

高崎経済大学教授
執筆分担：資料 5-1～5-6

池田　良彦（いけだ・よしひこ）

東海大学教授
執筆分担：資料 6-1～6-4

川端　敏朗（かわばた・としろう）

東邦音楽短期大学教授
執筆分担：資料 7-1～7-5

和知　惠一（わち・けいいち）

西武文理大学教授
執筆分担：資料 7-6～7-8

金光　寛之（かねみつ・ひろゆき）

高崎経済大学専任講師
執筆分担：資料 7-9・7-10

松嶋　隆弘（まつしま・たかひろ）

日本大学教授・弁護士
執筆分担：資料 8-1～8-6

中村　良（なかむら・りょう）

朝日大学准教授
執筆分担：資料 9-1～9-7・10-1～10-5・11-1～11-4

小針　健慈（こばり・けんじ）

日本大学講師
執筆分担：資料 12-1～12-5

工藤　聡一（くどう・そういち）

日本大学准教授
執筆分担：資料 13-1～13-4

中田　達也（なかだ・たつや）

文教大学講師
執筆分担：資料 14-1～14-3

法学マテリアルズ

2009年6月1日　第1版1刷発行

監修者 ── 茂　野　隆　晴
編集者 ── 法学マテリアルズ編集委員会
発行者 ── 大　野　俊　郎
印刷所 ── 新灯印刷（株）
製本所 ── グリーン製本
発行所 ── 八千代出版株式会社

〒101-0061　東京都千代田区三崎町 2-2-13
TEL　　03 - 3262 - 0420
FAX　　03 - 3237 - 0723

＊定価はカバーに表示してあります。
＊落丁・乱丁本はお取換えいたします。

Ⓒ　2009 Printed in Japan
ISBN 978-4-8429-1490-9